Die Gesellschaft Deiner Seele

AF192231

Der Mensch kann Wunder nur erleben,
wenn er bereit ist, sein Herz und seine
Augen für sie zu öffnen.

Augustinus von Hippo

Die Gesellschaft Deiner Seele

Niko Papadakis

**Für Dich, die meinem Leben wieder
einen Sinn gegeben hat.**

**Danke Tini
ohne Dich wäre dieses Buch die Hälfte wert
Danke Gez
für Deine wunderbare Kunst
Danke Hardy
für die tolle Gestaltung
Danke Babsi
fürs Photo-Auge**

**Titelbild: Gez Zirkelbach / www.mediarta.de
Grafik: Hardy Langer / www.hardylanger.de
Fotobearbeitung: Babsi Schulte**

© 2009 Niko Papadakis
Herstellung und Verlag: Books on Demand GmbH, Norderstedt.
ISBN 978 3837 021257
Bibliografische Information der Deutschen Nationalbibliothek
Die Deutsche Nationalbibliothek verzeichnet diese Publikation in
der Deutschen Nationalbibliografie; detaillierte bibliografische
Daten sind im Internet über http://dnb.d-nb.de abrufbar.

Inhaltsverzeichnis :

Nichts, was Worte sagen können

Da die Endstation fast erreicht ist
Öffne ich mein Herz.
Nichts, was Worte sagen können
Habe ich zu verkünden.
Und da ich sicher bin,
Dass folgende Worträtsel
nicht zu lösen sind
Wird das Gegengift unauffindbar.
Und so
Wird die Welt von einem wie mir
Erlösung finden.
Hoffnung stirbt scheibchenweise

Doch jetzt....
Dem Rätsel zu:
Sonne zu Wärme
Lachen zu glücklich
Mensch zu schwierig
Ich bekunde, berauscht zu sein.

Als ich sie das erste Mal sah
War sie wie ein Kieselstein auf dem Meeresgrund
Nicht mehr und nicht weniger
Heute ist sie mein ABC
Beginnend mit A wie Anmut
Und endend mit Z wie Zerstörung

Wäre sie ein Irrtum
Würde ich sie trotzdem lieben
Und wäre sie ein Bahnhof
Möchte ich die Endstation erreicht haben.

Ein bisschen Zufall
Ja, das war es schon
Ein bisschen Bestimmung
Ja, ich glaub daran.

Für sie würde ich zum Fahnenflüchtigen
Für sie würde ich die Heimat verraten
Ohne sie würde ich es nicht wagen
Sauerstoff zu atmen
Was auch geschehen mag
Mein Blut würde wie Wasser fließen
Meine Liebe hätte Bestand
Ohne nachdenken zu müssen
Ob es Gesetze und Anordnungen gibt.

Ich spüre nur ihre Schönheit
Alles andere ist so nichtig
Weil mein Zuhause ihre Umarmung ist
Und die Lethargie kein Statussymbol mehr.

Sie schaut mich so an
Als wäre sie eine seelenlose Lüge.
Wie wenn ihre Ruhelosigkeit
Keinen Schutz vor Kälte bieten könnte.

Die Züge verlassen nacheinander den Bahnhof
Die Flugzeuge fliegen dem Auge davon
Die Boote nehmen keine blinden Passagiere mehr
auf
Und ich, ich bitte lediglich um ihre Hand
Zum Halt
Ein Lächeln, zur Freude
Einen Blick für die
Auferstehung der Herzen.

Liebe ist keine Garantie
Und ich möchte sie beschützen
Sie so lieben
Bis sich die Erde nicht mehr dreht
Bis das Gute nur ein Schatten wird
Bis die Sonne erlischt.

Sie streichelt meine Seele
Mit einem Blick
Bis es kein Morgenrot mehr gibt.

Feuer
Sehe ich in hren Augen
Und die Liebe zu ihr
Lässt mir kein Spielraum
Jahreszeiten zu erkennen.

Ein bisschen Zufall
Ja, das war es schon
Ein bisschen Bestimmung
Ja, ich glaub daran.

In diesen Stunden,
Die meine letzen sein können
Sind alle Gedanken bis auf die Liebe zu ihr
erloschen
Gib mir ein Zeichen, flüstere ich
Und verzeih
Dass ich mich völlig dieser Liebe hingebe.

Meine Träume tragen mich zu
Namenlosen Orten
Ermöglichen mir unbändige Taten
Erklären mir die Illusionen.

Alles hatte seine Ordnung
Alles war am rechten Platz
Die Jacke hirg am zweiten Halter links
Der Lichtschalter exakt drei Finger breit von der
Wand
Die Schlüsse gleich daneben.
Jeder Handgriff
Jahrelange Monotonie

Und dann SIE
Bitte, lieber Gott
Bitte nicht schon wieder dieses Spiel
Und da sie eine
Gemeinsamkeit mit dem Frühling hat
Fließt in meinen Adern kein Eiswasser sondern Blut.

Das Erwachen zur Frau
Hat sie längst hinter sich
Und mir obliegt es nun
Ihr zu ermöglichen
Den Traum zu Ende zu träumen.

Ist es nicht lächerlich
Gewohnheiten als Wunder zu sehen
Manchmal lässt der Tag
Einfach auf sich warten
Die Nacht umklammert das Herz.

Die Schlüssel sind nicht mehr da
Die Jacke ist längst veraltet
Und den Lichtschalter finde ich lange nicht mehr.

Irgendjemand hat den Aufschrei mitgenommen
Zauber
Verwandlungskunst
Und da es die Wehmut
Nur in Bildern gibt
Ist die stumme Ruhelosigkeit
Das letzte Signal.

Die ersten warmen Sonnenstrahlen
Das erste glückliche Lachen.
Habe einfach kein Talent für das Schicksal
Und somit
Erkläre ich mich zum Verlierer
Dieses Spiels
Da das Gegengift nur sie sein kann.

Anstelle eines Titels,
die Bitte um Verständnis

Prolog:

Rainer Mühl saß zwei Stunden vor seiner
Hochzeitsreise immer noch hinter seinem
Schreibtisch und las noch einmal in den
Aktenunterlagen dieses Patienten, der schon sieben
Wochen auf der Station ATK in der Psychiatrie
weilte. Es handelte sich um einen Mann Mitte, Ende
fünfzig, der stets, folgende Worte von sich gab: „Und
danach folgt die absolute Unschuld."

Rainer der als Abteilungsarzt in einer Heilanstalt in
der Nähe von Ulm tätig war hatte von den vielen
Patienten, die er betreute, diesen Mann, der auf
seine Art eine absolute innere Ruhe ausstrahlte,
einen besonderen Einfluss. Er war nicht stumm, er
sprach nur diesen einen Satz, und verschlang eine
Unmenge von Büchern wie andere Schokoriegel. Als
er vor über zwanzig Jahren zum ersten Mal in ein
Sanatorium eingeliefert wurde, ging Rainer Mühl
noch zur Schule.

Freigänge, die ihm erlaubt waren, nahm er nie wahr.
Wenn sich einige in der Gruppentherapie bemühten,
war er derjenige, der sich abkapselte und von nichts
und niemanden etwas wissen wollte. „Philosoph"
nannte man ihn, weil er stets alles, was er auch
immer als Schriftstück in die Hand bekam, las. Bei
Einzelgesprächen sah er seinem Gegenüber tief in
die Augen, und man konnte den Eindruck gewinnen,
dass er sich zwar nicht verbal, aber mit Gestik und
Mimik sich am Gespräch beteiligte. Wenn man ihn
jedoch bedrängte, und er sich gezwungen sah was
zu tun, sprach er ein „Und danach folgt die absolute
Unschuld." Danach verkapselte er sich für einige
Tage, um sich wieder dem Lesen zu widmen. Er las

alles was er bekommen konnte. Lektüre jeder Art und er suchte seinen Frieden in einer durch die Literatur abgekapselten Welt.

Teil 1

Angelika und Rainer Mühl landeten Punkt 12.00 Uhr in Athen. Mit dem Taxi fuhren sie entlang der Küstenstraße ins Stanley, ein Hotel das Rainer schon vor drei Jahren bewohnte, als er ein psychiatrisches Symposium das hier in Athen stattfand, besuchte. Das 400 - Betten - Hotel im Herzen der Stadt mit Blick zur Akropolis und dem Parthenon war trotz seiner Wucht ein kleines architektonisches Prachtwerk, da man durch das Flair, durch seine Ausstrahlung das Gefühl nie los wurde, das Hellenentum allgegenwärtig zu spüren. „Einen schönen Aufenthalt in unserer Stadt!", wünschte der Empfangschef in einem astreinen Deutsch. Rainer, der den Lärm Athens schon kannte, bestand auf einem Zimmer, das in Richtung Piräus-Allee lag. Der Lärmpegel in den Zimmern, die in der Hauptfront zum Karaiskaki Platz lagen, vermochten trotz absoluter Isolierung niemals die Hektik und die Geschäftigkeit, die aus den Straßen zu spüren war, zu dämpfen.

Als sie die Zimmertür schlossen, fiel Rainer ins Bett. Angelika entledigte sich ihrer Kleidung und kam mit einem Bademantel bekleidet wieder aus dem Badezimmer. „Will kurz unter die Dusche, aber ich finde keine Badetücher", sagte sie. „Kannst du bitte beim Empfang Bescheid geben?" Kaum ausgesprochen, klopfte es an der Tür.
Rainer öffnete, und ein Zimmermädchen mit flauschigen Badetüchern unterm Arm erschien. „Entschuldigen Sie bitte das Versehen. Ich...darf ich ins Bad ...die Badetücher." Die Frau stammelte perfektes Deutsch.

„Ich nehme sie Ihnen ab." sagte Angelika.
Die junge Frau bedankte sich wortlos, reichte
Angelika die Handtücher und drehte sich wieder
Richtung Tür.
„Hast du Kleingeld?", fragte Angelika ihren Mann,
der erstarrt der Frau nachblickte und die Frage nicht
hörte. „Warten Sie", fuhr Angelika fort und reichte
dem Zimmermädchen zwei Hundertdrachmen –
Scheine, die sie aus ihrer Geldbörse holte.

*

Angelika ging ins Bad, und fand ihren Mann genau
so wie sie ihn vor zwanzig Minuten verließ.
„Was ist los?" fragte sie verwirrt.
Er erwachte aus einem alten, Immer
wiederkehrenden Traum.
„Nichts. Bist du fertig?"
„Schon eine ganze Weile", sagte Angelika.
„Aber Du scheinst mir etwas verstört zu sein. Geht
es Dir nicht gut?"
Er ließ sich aufs Bett fallen, schaute zur Decke und
murmelte: "Brauche ein paar Minuten, bin gleich
wieder okay.'

Angelika und Rainer hatten sich vor drei Jahren
kennen gelernt. Es war keine leidenschaftliche
Romanze wie bei Romeo und Julia oder wie man sie
in Filmen mit Meg Ryan wieder findet. Es war eine
gegenseitige Anziehung, einer dieser Anziehungen,
die zum logischen Handeln übergeht. In den Augen
Angelikas gab es keine „ blinde Liebe". Sie war
nüchtern und alt genug, um alle Kennzeichen richtig
einzuordnen. Ein Jahr vor ihrem Dreißigsten
Geburtstag, und wenn nicht jetzt, wann sollte sie
beginnen eine Familie zu gründen? Als
Systemanalytikerin bei einem großen Softwarehaus
wusste sie genau, was sie wollte, was sie tat
Zunächst kam der Beruf und danach der Rest. So
ergab es sich, dass sie Rainer traf und nach der
zweiten gemeinsamen Nacht war es fast
beschlossene Sache. Ihr Partner hatte einen soliden

Beruf als Psychiater, ein Einkommen, das beiden erlaubte, manch ausgefallenen Wunsch schnell in die Realität umzusetzen, sowie die Gewissheit einer Absicherung, die für Angelika stets ein Schlüssel ihres Lebens war. Der Vater war Alkoholiker, die Mutter stets bestrebt, ihrem Nymphomaninnen - Ruf gerecht zu werden. Ihren Halt hatte Angelika bei ihrer Großmutter Erika gefunden. Sie war der ruhende Pol. Fünf Monate nach dem Tod ihrer geliebten Großmutter traf sie Rainer, und er wurde ihr Anker, den sie so dringend benötigte.

Der erste Tag in Athen war anstrengender als geplant. Angelika und Rainer ließen sich gegen Abend noch in die Plaka fahren, um am Fuße der Akropolis in einer kleinen Taverne etwas zu essen. Plaka, ist eines der ältesten Stadtteile Athens. Viele Häuser haben Grundmauern aus der Antike. Man nennt sie auch „Den Puls Athens". Dann sahen sie noch beim Syntagma Platz die Wachablösung an. Trotz ihres folkloristischen Aussehens handelt es sich bei den Evzonen, der ehemaligen königlichen Leibwache um ein Eliteregiment, das am Syntagma Platz einen Wachwechsel vor dem Grab des unbekannten Soldaten zelebriert. Der Retsina, dieser typisch griechische Harzwein, der Flug, sicherlich auch der Klimawechsel machte sie müde, so dass sie sich für Athener Verhältnisse sehr früh entschlossen, zurück ins Hotel zu gehen.
Angelika hatte ihr Nachthemd angezogen und sich kaum ins Bett gelegt, als sie im selben Moment einschlief. Rainer legte sich ebenfalls hin, verfiel aber wieder in einen Wachtraum, der ihn in eine fremde, ihm jedoch sehr bekannte Welt brachte. Er hörte eine Stimme, seine Stimme, doch er war stumm. Er hörte sich sprechen, doch kein Ton durchdrang den Raum.
„Jetzt liege ich neben ihr, neben meiner Frau, neben der Frau, die mir alles gab, alles was man einem Mann geben kann und doch sind meine Gedanken

nicht bei ihr. Warum kann ich dich nicht vergessen?
Warum kann ich nicht einfach einen Riegel wie bei
einem Gartentor vorschieben?
Geschlossen,
aus,
vorbei,
vergessen.
Warum kann ich nicht die Augen schließen und neu
erwachen. Mit neuer Identität erwachen, mit, neuen
Erinnerungen? Warum kann ich nicht an dich
zurückdenken wie an einen alten Lehrer oder einen
Schulfreund? Warum geisterst du immer noch in
meinen Gedanken und lässt mich nicht ein neues
Leben beginnen? Hier, schau, ich halte ihre Hand.
Das ist meine Frau. Sie hat zu mir „Ja" gesagt, ein
Wort, das du nicht imstande warst zu sagen. Ja - zu
mir.
Ja – zu uns.
Sie vertraut mir, ich kann durch ihre Liebe wieder
atmen, wieder kämpfen. Ich kann durch ihre Liebe
wieder derjenige sein, der ich einmal war. Ich bin
nach so anger Zeit wieder ich.

Rainer stand am Fenster und beobachtete das
nächtliche Athen. Die Gedanken jedoch zogen ihn
immer wieder zu Anna.
Und jetzt, jetzt kommst du wieder wie ein Geist und
hast dich in meinem Herzen eingenistet. Jetzt
kommst du wieder, und die Gedanken dieser
Stunden werden wieder lebendig. Vergangene
Stunden, vergangene Gedanken. Bitte lass mich los,
werde keine dritte Macht in meiner Seele. Lass mich
so leben, wie ich es dieser Frau, meiner Frau
versprochen habe. Warum kann ich dich und das,
was vergangen ist, nicht vergessen?
Du bist in mir wie das Wasser in einem See. Auf
diesem See schwimmen die Echos unserer
Erinnerungen, unserer Gespräche. Nein, niemand
darf sie hören. Nein, es ist vorbei. Jetzt habe ich hier
eine Frau, meine Frau, die mich liebt.

Überall am Himmel Athens leuchteten die Reklametafeln. Die Nacht hielt alles in ihrem Bann. Wer bist du eigentlich, dass du dir anmaßt zurück zu kommen? Na gut, ich hatte dich früher gekannt, wir waren früher oft zusammen. Vielleicht zu oft. Ich habe dich früher sogar geliebt, wenn das Wort Liebe dafür angebracht sein sollte. Aber vergiss nicht, dass ich jedes Mal das Wort „früher" gesagt habe. Mit welchem Recht kommst du dann eigentlich wieder zurück in meinen Sinn?

Meinst du, du könntest plötzlich kommen, „Hallo" sagen, „Hallo ich bin da"? Denkst du, dass mein Herz sich wieder öffnen würde? Meinst du, du bräuchtest nur wieder zu erscheinen, und ich werde alles, was ich in den letzten Jahren erlitten, erreicht habe, vergessen? Weiß du, wie lang es her ist? Weißt du, wie lang eine Liebe Bestand haben kann? Glaubst du an die Sinnsprüche von der Ewigkeit? Nein, alte Freundin, das ist nicht so. Es ist vorbei. Unser Gemeinsamsein ist vorbei. Unsere Liebe ist vorbei.

Unverkennbar war ich damals traurig, ja. Unverkennbar habe ich Stunden, Tage, Wochen, Monate lang nach dir gesucht. Ich habe geweint wie ein Kleinkind, dessen bester Freund nicht mehr kommt, dessen Spielzeug zur Strafe auf die Müllkippe geworfen wurde. Ich habe so geweint, als wenn du gestorben, als wenn du schon in einer anderen Welt wärest.

Warum bist du nicht tot? Du warst es doch! Warum bist du nicht bei den Schatten? Du warst es doch! Meinst du, du könntest plötzlich kommen und fragen: „Wie geht es dir?", als wenn du dich tatsächlich dafür interessieren würdest?

Hast du mich eigentlich jemals gefragt, wie es mir geht? Hast du dir jemals Gedanken gemacht, was ich empfinde? Was ich erleide?

Auf einmal jedoch stehst du da. Plagt dich dein Gewissen? Hast du eigentlich überhaupt ein Verantwortungsbewusstsein?

Das nächtliche Treiben wurde immer bunter. Alles was er unternahm um seine Gedanken anders zu lenken misslang.
Warum kann ich dich nicht vergessen? Nun bist du wieder da. Willst du es mir nicht sagen, warum?
Bin ein Gefangener meiner Zelle, und wie dieser möchte ich fliehen. Ermögliche mir die Flucht! Lass mich die Luft der Freiheit atmen und gib mir die Kraft, dass ich mein Leben gestalten kann. Allein, ich meine hier, ohne dich in meinen Erinnerungen.

Erinnerst du dich eigentlich an damals? Damals, was für ein trauriges Wort. Kannst du es? Kannst du dich an unsere erste Nacht erinnern? An den Portier, wie er uns ansah? Wie du ganz schnell in den Fahrstuhl gestiegen bist und schüchtern schnell die Zimmertür hinter dir geschlossen hast? Und dann deine ängstlichen Blicke und deine ängstlichen Fragen? Und daran, dass wie in alten billigen Filmen auch das Bett krachte? An die Leuchtreklame, die durch die geschlossenen Gardinen drang? Wir waren einmal im dunklen und danach im hellen Licht. Weißt du, wie dein Gesicht damals aussah? Ich konnte in deinem Gesicht trotz der Angst, die ich bemerkte, einen Sieg erkennen, und dieser Sieg beunruhigte mich.

Kannst du dich erinnern, als du sagtest: „Du wirst der einzige Mann bleiben" und ich, erfüllt voll Liebe, kein einziges Wort heraus brachte? Dann sagtest du: „ Es gibt die Notwendigkeit zu existieren." Und ich fragte dich, was du damit meintest. Doch du gabst mir einen stummen Kuss und sagtest: „Sei still, kannst du die Nacht hören?"

Warum kann ich dich nicht vergessen, obwohl du mich so der Demütigung hingegeben hast? Warum hast du mich verraten, Anna? Billig verraten. Warum wolltest du mich so erniedrigen? Warum wolltest du mich so der Lächerlichkeit preisgeben? Hatte ich dir etwas getan, Anna? War ich schlecht zu dir? Kannst du dich daran erinnern, was ich dir sagte, als du mich einmal fragtest: „Warum hast du mich ausgesucht?" Ich antwortete dir: „Anna, weil ich eine Frau suchte, die mich in sich beinhaltet." Du hattest gelacht und nachgefragt: „Und darum liebst du mich?" Und mir blieb nichts anderes übrig, als zu wiederholen: „Ich liebe dich, ich liebe dich, ich liebe dich."

Und dann gingst du mit einem anderen, nicht weil du mich nicht mehr liebtest, nicht weil du mich satt hattest, sondern weil du Abenteuer suchtest.
Es ist lang her, Anna, sehr lang und du allein weißt, wie ich gelitten habe, jeden Tag, jede einzelne Sekunde. Mir war vorher nicht bekannt, dass es so einen Schmerz geben könnte und dass das Herz trüb und schwer sein kann.

Wie sehr ich dich damals erwartete! Ein Wort, ein einziges Wort, und alles wäre vergessen! Hast du es gehört, Anna? Ein Wort von dir hätte damals genügt. Doch du kamst nicht. Unendlich lang habe ich gewartet, von weitem gesehen, aber nicht den Mut gehabt, mich dir zu nähern und dich zu umarmen. Warum kommst du jetzt? Willst du die Jahre, die dazwischen sind, vergessen? Nichtig machen? Willst du wieder in mein Leben kommen? Ich kann nicht, Anna. Ich kann es nicht! Hier ist meine Frau. Ich liebe sie, ja, ich liebe sie! Nicht wie dich, Anna. So wie dich werde ich keinen Mensch mehr auf der Welt lieben können. Ich habe nicht gewusst, dass man seine Liebe verbrauchen kann. Ich habe sie an dich verbraucht. Gehe bitte, Anna. Gehe wieder zu den Toten in meiner Erinnerung und bleibe dort. Bleibe dort, damit ich und meine Frau leben können. Du bist stark, Anna. Du brauchst mich nicht. Du bist selbstsicher, selbstbewusst und hart zu anderen wie auch zu dir selbst. Gehe bitte! Gehe und begnadige alle.

Es gibt dich also noch, das soll mir ein leichter Trost
sein, aber mehr nicht. Es gibt dich also noch. Hier so
weit entfernt von dem Ort, wo unsere Liebe begann
und endete, hier treffe ich dich wieder. Es ist so
merkwürdig, Anna, Ich finde in letzter Zeit so vieles
merkwürdig. Vielleicht, weil du mir sämtliche
Illusionen genommen hast. So viele Jahre, so viele
Momente, so viele Bekanntschaften und so viele
vergessene Augenblicke. Und doch.... dich konnte
ich nicht vergessen, Anna. Hilf mir bitte, damit es mir
gelingt. '

*

Anna Weißer schloss sich in ihrem Zimmer ein. Wie
konnte sie das, was sie vor wenigen Minuten erlebt
hat, überhaupt verstehen? Wie konnte sie es
begreifen? Wie konnte es geschehen, und war er es
auch wirklich?
Ihre Gedanken wanderten fünf Jahre zurück. Sie
lebten und studierten zusammen. Jeder Tag war ein
Mosaikstein ihres Zukunftsplans.
Rainer war da mit einer anderen Frau. Er war nicht
mit ihr, er war da mit einer anderen! Anna Weißer,
die „Garbo der 90er", war nicht mehr an seiner Seite.
„Michelle Pfeiffer und Isabelle Huppert sind Statisten
neben dir", hatte er ihr einmal gesagt. Anna Weißer
war eine dieser Frauen, die jeden Mann haben
könnte. Sie sah so strahlend weiß und gepflegt aus.
Die perfekte Frau ! Die Reinheit eines
Frauenkörpers! Sie hatte diese Ausstrahlung, die ihr
dann den Namen „Garbo der 90er" einbrachte.
Manch ein Mann würde eine Eintagsfliege sein
wollen. Ein Nacht mit Anna, und dann sterben!
Manche hielten sie allerdings für arrogant, andere für
hochnäsig, wieder andere für eingebildet, als ob das
einen Unterschied machte. Rainer jedoch wusste,
was für eine Frau sie war. „Kuschelweich", nannte er
sie oder „meine Flokati".

Rainer war das, was eine moderne Frau braucht: Einen an ihrer Seite, der sie wirken lässt. Einen, der auch weiß, dass er der einzige ist. Und so war es auch eine schöne Zeit lang. Bis dann tatsächlich sie ihm eines Tages sagte, dass sie ihre Selbstständigkeit vermisst.
„War das alles? Ist das alles?"
Jetzt, nach fünf Jahren sieht sie ihn wieder! Unglaublich! Er sieht gut aus, sagte sich Anna. Er sieht glücklich aus. Was ist aus ihm geworden? Hat er seinen Abschluss gemacht? Ist er Arzt? Sie ist jetzt eine Hotelangestellte, ein Zimmermädchen, Ehrenwerter Beruf, aber sie hatte ganz andere Pläne. Chefärztin oder wenigstens eine Praxis in einer Großstadt, eine Gemeinschaftspraxis mit Rainer. Das waren die Träume...... damals. Wieder dieses „Damals"
Viele empfinden es als gerecht, was ihr widerfuhr. Als einen Tribut, den sie zahlen musste: verachtet und gestraft! Wenn es denn eine Strafe gewesen sein sollte, dann hat sie diese massiv erfahren!

Rainer und sie waren eins gewesen. Und an einem Tag, eigentlich einem Tag aus dem Nichts, oder vielleicht doch ein Tag, der folgen musste, ging sie mit Bernd. Bernd Wolters interessierte sie nicht besonders. Aber der Tag war so verflucht dumm gelaufen. Und wenn dann noch Faktoren zusammenkommen, diverse Faktoren wie: Dummheit, Abenteuer, Eskapade, Alkohol, Drogen, fallen Entscheidungen, die man unter anderen Umständen nicht immer so getroffen hätte.
Wie heißt ein Lied Wolf Biermann?
„Das kann doch nicht alles gewesen sein." Und dieser Satz war auf einmal für sie wertvoller als die zehn Gebote. Vielleicht kam auch dieses Mit-zwanziger Problem hinzu. Anna genoss ohne Verstand, oder besser ihr Verstand sagte zu ihr: „Genieße!" Und als plötzlich wieder der Pegel zur Monotonie überschlug, gab es kein Zurück mehr.

Rainer wandte sich von ihr ab.
Dann schmuggelte sie sich in den Vorlesungen ein,
die er besuchte, um ihn zu sehen. Und sie sah die
Traurigkeit in seinem Gesicht, ein Aussehen, das
niemals vorher bei ihm wohnte. Und sie merkte, dass
Rainer eine Reife erfahren hat, eine Mündigkeit, die
sie nicht vorweisen konnte. Und sie wusste, dass sie
gehen musste, und dass es keine Gemeinsamkeit
mehr geben könnte.

Sie ging dann, durch eine Jobanzeige gelockt, nach
München als Verkäufern in einer Boutique.
Vier Monate hielt sie es dort aus, um Janni dann
nach Griechenland zu folgen. Janni arbeitete als
Kellner in einem griechischen Restaurant, gegen-
über ihrer Arbeitsstätte. die Sommermonate
verbrachte er immer in Griechenland. Ganze acht
Wochen lang hielt sie es aus, und so erlebte Anna
eine Art Wiedergeburt der Leichtigkeit. Jianni war der
Typ „kommst du heute nicht, kommst du morgen".
Und an dem Tag, als sie keine einzige Drachme
mehr hatten, war sein einziger Lösungsvorschlag,
sie solle in einem Bordell Geld anschaffen. Nachdem
sie angewidert dieses ablehnte, schlug er wild auf
sie ein. Sie konnte sich später nicht mehr an alles
erinnern. Einige gebrochene Rippen und eine
Ansammlung blauer Flecken zeugten jedoch davon,
dass ihr übel mitgespielt worden war. Als sie von der
Polizei später verhört wurde, kannte sie nicht einmal
Jannis Nachnamen. So naiv war sie.

Wie oft hat sie in dieser Zeit an Rainer gedacht, wie
oft hatte sie sich vorgenommen, ihm über die
deutsche Botschaft eine Nachricht zukommen zu
lassen. Aber dann siegte wieder die >Garbo< in ihr.
Mit Hilfe eines Pflegers fand sie die Stellung im Hotel
Stanley, die ihr ermöglichte, wie es so schön heißt,
mit ihrem Leben wieder zu Recht zu kommen. Dann
kam die Suizid - Gedanken – Phase, die Phase der
Selbstzerstörung und der Versuch, wieder einen

Sinn zu finden. Und sie begriff, dass sie leben musste. Gerade, als die Stabilitätsanzeige sich dem Zentrum zu bewegte, genau da sah sie ihn wieder, mit einer anderen Frau an seiner Seite.

Anna bekam Angst. Sie fürchtete ihren eigenen Schatten, und so weinte sie nach langer Zeit wieder einmal. Sie hatte das Weinen längst verlernt, aber in diesem Moment konnte sie die Tränen nicht aufhalten. Wie hatte sie mit Rainer geweint, damals als Thomas, ihr älterer Bruder mit dem Motorrad verunglückte und kurz darauf Dieter, ihr jüngerer bei einer Feuerwehrübung ums Leben kam. Das gemeinsame Weinen machte sie stark. Und wie oft hat sie mit Rainer gelacht. Über eine Feder, die vorbei flog oder über Filme mit Eddie Murphy, über einen auch noch so dummen Witz, oder einfach weil er die Tomatensoße verkleckerte.
Anna bekam die Angst nicht los. Dieses Wiedersehen riss eine tiefe Wunde in ihr. „Warum musste ich ihn wieder sehen?", fragte sie sich. „Bitte lieber Gott …", und sie erwischte sich beim Beten, obwohl sie schon seit langer Zeit diesem Gott eine Kriegserklärung gesandt hatte. „Bitte lieber Gott, erweise mir die Gnade und löse den Knoten der Erinnerung. Nimm mir diesen Rest und lass mich wieder ein Mensch werden. Gott, nur du allein weißt, wie sehr ich ihn geliebt habe. Nur du allein weißt, wie sehr ich ihn noch liebe. Es ist geschehen, mein Gott, es ist geschehen, und alles, was ich auch tu, ich kann es nicht wieder rückgängig machen. Vielleicht musste alles so kommen um mir selbst bewusst zu werden, wie sehr ich ihn liebe.
Seine Liebe zu verbergen, ist eine der größten Sünden. Es ist grausam, wie sich eine Liebe im Herzen ausbreitet und nicht entkommen kann. Der Körper ist müde und schwer, die Gedanken kreisen nur um die geliebte Person. Die Augen sehen in die Ferne, doch sein Anblick ist immer allgegenwärtig. Immer wieder frage ich: Warum es diese Liebe,

diese grausame Liebe gibt. Warum gibt es diese verdammte Liebe? Steine haben es gut, Steine kennen die Liebe nicht. Ich möchte ein Stein sein, lieber Gott. Ein Fels, ein Berg sein und frei. Lass mich zu Stein werden, lieber Gott, und ich werde dich ein Leben lang preisen."

Es war eine Athener Nacht. Schwül und laut. Als die ersten Sonnenstrahlen sich in das Zimmer hineinschmuggelten, stand Rainer auf dem Balkon.
„Hast du gut geschlafen?", fragte Angelika
„Hervorragend!", log er
„Na komm, geh duschen, mach dich fertig und lass uns zum Einkaufen gehen. Pass bitte auf das Balkongeländer auf. Das stimmt irgendetwas nicht."

Teil 2

In einem kleinen Buchladen gleich neben der Panajia Kirche und in unmittelbarer Nähe zur Odos Ermu, dort, wo die Reichen und die Schönen Athens sich treffen, stöberte Rainer vor einem Buchgeschäft in einer Bücherkiste, die ihm sofort aufgefallen war. Er wurde darauf aufmerksam, weil ein in Deutsch geschriebenes Schild angebracht war:
> Sammelraritäten<.
Rainer wollte gerade seiner Suche ein Ende bereiten, weil diese Sammelraritäten lediglich abgegriffene Schinken waren, die nichts Besonderes verbargen, als er etwas sah, das seinen Atem zum Stocken brachte:
Auf der Rückseite eines Buches, das allein durch sein Aussehen einiges zu erzählen hatte, sah er das Portrait des Autors, und er erkannte in dem Photo den unbekannten Mann wieder, dessen rätselhafte Worte „Und danach folgt die absolute Unschuld" so sehr beschäftigten.

Er nahm das Buch und zahlte die verlangte Summe
in Drachmen.
„Endlich hast du was gefunden", sagte Angelika.
„Endlich", erwiderte er, und er war sich bewusst,
dass er bald ein Rätsel lösen würde.

Zurück im Hotel konnte er das Buch nicht aus der
Hand legen. Es war ein Gedichtband eines gewissen
Hansjörg Wunderlich. Ein Gedicht, dessen Titel ihm
bekannt vorkam lautete:

Und danach folgt die absolute Unschuld.

Er schrie es
Und ein Rauch des Hasses schlug auf ihn
Blutige Augen
Verbrennen die Gutmütigkeit.
Schattenmenschen reden
Er
Er allein auf einer Bank
Er wusste
Dass die Worte vergebens waren
Trotzdem versuchte er zu schreien
"Ich bin unschuldig ... ich bin ..."
Wenn die Gerechtigkeit spricht
Scheint die Sonne auf den Steinen
Die Felsen werden zu Mörtel
Allein
Inmitten einer Herde von Löwen
Die Verzweiflung tötet in Raten
Tage kämpfen
Monate kämpfen
Beim Essen
Beim Schlafen kämpfen
Die Jahre sind unüberwindbar
Und wenn sie dich schlagen
Kommen die Nebelschleier
Der Schmerz ist nur
Eine Episode aus dem Todeskampf
Unschuldig in kalten Kerkern

Zu essen Ameisen und Cocoons
Sowie den Kalk von den Wänden
Freihet
Ich liebe dich
In dir spiegelt sich die Hoffnung
In dir wächst der Glaube.
Gefängnisse sind
Das Ekel jedes Jahrhunderts
Die Gerechtigkeit
Der Schrei
"Unschuldig"
"Unschuldig"
Lasst uns d e Lanzen brechen

Er betrachtete das Bild des Autors und las den
Namen immer und immer wieder: Wunderlich,
Hansjörg Wunderlich, und er wusste, wer dieser
Mann war, und wie der Schlüssel zu einer Heilung
angewendet werden kann.

*

Angelika besaß die Gabe, sofort einschlafen zu
können, sobald sie sich ins Bett legte. Rainer zog
sich noch einmal an und ging zur Bar. Er wusste,
irgendetwas war in ihm geschehen.
Dimitris hinter der Bar sah genau so aus, wie der
Käseverkäufer in einem Werbetrailer Für Rainer war
es ein alter Bekannter. Es kostete eine kleine
Überwindung und einen Tausend Drachmenschein
um zu erfahren, wo Anna wohnte.
Auf der Klingel war --A. Wunderlich--. zu entziffern.
Rainer sah sie als Schatten vor sich.
Wir trennten uns
Und das Licht der Sonne wurde zur Pfütze.
Wenn ich an unseren Beginn denke,
Singen Tauben.
Du lächeltest mir zu,
So wie man einen Fremden anlächelt
Und ich merkte das Besondere in Deinen Augen.
Das Besondere deiner Lippen.
Leise wünschte ich dir: „Guten Tag"

Und dann folgte der erste Kuss,
Weich, zart, warm, ungewöhnlich.
Ich schaute dir in die Augen.
Neben dir fühlte ich mich stark
Und du hattest einen Beschützer.
Wenn du: „Ich liebe dich" sagtest,
War es so, wie wenn du sämtliche Blumen der Erde
für mich pflücken würdest.
Deine melodische Stimme machte mich trunken.
Wahrhaftig, ich liebe dich immer noch,
Obwohl ich deine Tat nicht vergessen kann.
Ich liebe dich, weil Gefühle nicht ersetzbar sind.
Meine Liebe jedoch ist wie die Münze am
Brunnengrund.
Wenn ich die Augen schließe kommt die
Vergangenheit
und ich vergleiche das Gestern mit dem Heute.
Vergleiche Liebe und Hass, vergleiche Gefühl und
Gleichgültigkeit.
„Ich habe Dich den ganzen Tag erwartet „ sagte
Anna
„Ich habe den ganzen Tag an Dich gedacht."
„Es ist viel Zeit verstrichen, Anna."
„Wir haben viel Zeit verloren."
„Und doch denke ich, es wäre erst gestern
gewesen."
„Wie ist es dir ergangen in der Zeit?"
„Welche Zeit? Es war gestern."
Was für ein Gefühl ist es, aus dem Totsein wieder zu
erwachen? Beide waren tot und beide begannen nun
wieder zu atmen. Irgendwo wird ein blaues Band der
Zweisamkeit gebunden und derjenige hat das Leben
dieser zwei Menschen vorherbestimmt. Die Zeit des
Vakuums ist überschritten, die Schwerkraft hat die
Realität erreicht.
Sie schauten sich stumm an, eine, zwei, drei
Minuten, die Zeit war nicht messbar. Waren es
Stunden oder nur Sekunden, bis sie sich
leidenschaftlich umarmten? Leidenschaft pur. Was
ist das Leben ohne diese Leidenschaft? Wasser

ohne Tropfen. Getreide ohne Korn. Leben ohne
Atem. Und die Zeit dazwischen schien lediglich ein
Wiedersehen nach einem kleinen Ausflug zu sein.
„Ich liebe dich", sagte sie.
„Ich liebe dich" sagte er.
Sie liebten sich hemmungslos, und es war eine
wunderbare Stille zu spüren. Kein Geräusch, kein
Laut, nur ihr Atem war vernehmbar. Der Atem zweier
Menschen weit weg von zu Hause, weit weg von der
Zeit der Leichtigkeit, der Unbeschwertheit der Tat.
Sie lagen umschlungen, wie wenn diese fünf Jahre
nicht dazwischen wären, als sie sich traute etwas zu
sagen: „Kannst du mir jemals verzeihen?"
„Verzeihen, freisprechen, vergeben sind Worte die in
einem Wort sich vereinigen. Das Wort heißt Liebe.
Und ich liebe dich, Anna".

*

Meistens ist es nur ein Sekundenbruchteil, das ein
Leben umformt, verändert. In diesem Augenblick,
der unangreifbare, zuvorkommende, hilfsbreite
Mensch und im nächsten ein Mörder.

Inspektor Papadopoulos wischte sich lautstark die
Nase und blickte noch einmal zum kaputten
Balkongeländer. Sein Assistent Nikos Tzimas hatte
den Notizblock in der Hand, um die Worte seines
Chefs peinlichst genau zu notieren.
„Romantisch, nicht wahr?" sagte Papadopoulos.
„Während der Hochzeitsreise zu sterben."
„Tragisch" sagte Tzimas. „Wie in den billigen Filmen
der 60er."
„Wo ist der Ehemann?"
„Er wartet draußen."
„Hol ihn rein."
Tzimas ging um Rainer zu holen.
Inspektor Papacopoulos öffnete den Kleiderschrank
und musterte die Kleider und Anzüge. „Ja, diese
Deutschen", sagte er. „Man denkt, dass nur Italiener
gut gekleidet sind, aber diese Deutschen wissen
auch, was Mode bedeutet. Nun, wenn man das Geld

dazu hat." Er selber verfügte lediglich über drei Hosen, wobei eine davon mindestens fünf, sechs Jahre alt war. Tzimas betrat zusammen mit Rainer das Hotelzimmer.

„Mein Beileid", sagte Papadopoulos in Englisch. „Bitte nehmen Sie Platz."

Rainer setzte sich auf den zugewiesenen Stuhl. „Ich weiß, dass es schwer für sie ist, aber bitte schildern Sie uns noch einmal die letzten 2 Stunden."

„Was möchten sie wissen?"

„Einfach alles!" Papadopoulos nahm den zweiten Stuhl und setzte sich ihm gegenüber.

„Ich war unten an der Hotelbar, als es plötzlich laut wurde. Jemand schrie etwas auf Griechisch. Ich verstand es nicht. Dann wurde es hektisch. Der Barkeeper sagte zu den Gästen, dass eine Frau im Hof liege. Dort hatten sich inzwischen viele Menschen angesammelt. Ich rief, dass ich Arzt sei und kämpfte mich vor und dort sah ich Angelika."

„Sie wussten, dass sie tot ist?"

„Ich habe sofort nach ihrem Puls gefühlt und bemerkt, dass sie nicht mehr lebt."

Das Hotelzimmer öffnete sich und ein kleiner rundlicher Mann kam herein.

„Ich bin Lambros Kazanis", sagte er. „Ich bin der Hotelmanager. Was für ein Unglück! Mein Beileid, Herr Mühl. Die Bauarbeiten sollten längst abgeschlossen sein. Wir bringen neue Balkonverkleidungen an, sollten sie wissen. Es war aber auch ein großes „Vorsicht!"—Schild angebracht." Ohne scheinbar Luft zu holen fuhr er fort: "Und das mitten in der Hochsaison!"

Der Inspektor sagte ihm etwas auf Griechisch, wobei der Manager eifrig nickte und dann zu Rainer sagte.

„Wenn Sie etwas brauchen, Herr Mühl, lassen Sie es mich bitte wissen."

„Was haben Sie jetzt vor?" fragte der Inspektor

„Ich werde meine Frau mit nach Deutschland nehmen."

„Sie müssen d e gerichtliche Freigabe abwarten. Das kann einige Tage dauern."

Er stand auf, machte Tzimas eine Geste und sie verabschiedeten sich von Rainer.

„Was machen Sie für ein Gesicht, Chef?"

„Haben Sie mal in den Kleiderschrank geschaut?"

„Nein!"

In der Lobby trafen sie den Manager wieder.

„Wie lange dauerten die Bauarbeiten?" „Sie wissen, wie die Handwerker sind, Inspektor."

Papadopoulos und Tzimas gingen Richtung Bar. Inzwischen war es weit nach Mitternacht. Nur sehr wenige Gäste saßen verstreut in dem Raum.

„Darf ich Ihnen was zu trinken bringen?"

„Milch" sagte Papadopoulos.

„Leider haben wir keine Milch."

„Dann hätte ich einige Fragen", sagte er und zeigte ihm seinen Dienstausweis.

Der Barkeeper berichtete, dass kurz nach zweiundzwanzg Uhr ein Page in die Bar kam und sagte, dass eire Frau draußen läge. Viele rannten in den Hof. Ein Arzt war anwesend und er erklärte, dass die Frau tot sei. Es stellte sich dann heraus, dass es seine eigene Frau war. „Dramatisch nicht wahr?"

In diesem Moment kam ein junger Mann, der sich als der Page vorstellte, der die Frau als erstes fand.

„Wann war es genau?"

„So gegen zehn."

„Etwas genauer bitte."

„Ja, fünf Minuten vor oder nach zehn."

„Noch einmal von vorn", sagte Papadopoulos. „Sie gehen in den Hof, finden die Frau und kommen zur Bar?"

„Ja so war es."

„Was suchten Sie im Hof?"

„Ich wollte mein Fahrrad holen, um nach Hause zu fahren, da ich um zehn Uhr meinen Dienst beende."

„Und sie haben die Frau nicht fallen sehen?"

„Nein."

„Also kann sie längere Zeit draußen gelegen haben."

„Nein, maximal eine viertel Stunde. Vorher war ich schon einmal draußen."

„Was suchten Sie dort?"

„Ich habe mich mit meiner Freundin getroffen, die ebenfalls hier im Hotel arbeitet."

Papadopoulos und hinter ihm Tzimas gingen zurück an die Bar.

„Wir haben immer noch keine Milch", sagte der Barkeeper.

„Haben Sie sehen können, ob jemand die Bar kurzfristig verließ und wieder zurückkam?"

„Wir hatten viele Gäste, ich kann beim besten Willen so etwas nicht sagen."

„Herr Kazanis", sagte der Inspektor zum Manager. „Bitte rufen Sie alle Leute zurück an die Bar, die heute gegen zehn hier waren."

„Herr Inspektor, es ist weit nach Mitternacht!"

„Holen Sie sie notfalls aus den Betten."

Anna und Rainer standen sich stumm in seinem Zimmer gegenüber.

„Ich wollte das nicht", schluchzte er. „Für eine Sekunde war ich Mr. Hyde. Ich habe Angelika umgebracht. Sie steht nachts niemals auf. Aber ausgerechnet heute war das Bett leer und sie war auf dem Balkon, wie wenn sie etwas geahnt hat."

„Es war ein Unfall, ein dummer, dummer Unfall."

„Kannst du mir jemals diese Tat verzeihen?"

„Du hast mir gesagt, dass verzeihen, freisprechen, vergeben Worte sind, die sich in einem Wort vereinigen. Das Wort heißt Liebe. Und ich liebe dich", sagte Anna.

„Ich möchte dir von einem Mann berichten", sagte Rainer. „Er ist bei uns in der Klinik. Vor vielen Jahren ist er spurlos verschwunden. Er muss vieles durchlebt haben, als er nach zwanzig Jahren, die er in einer Nürnberger Anstalt verbrachte, zurückkehrte.

Die Anstalt wurde geschlossen und die Patienten verteilt. Dieser Mann wurde uns zugewiesen, Er spricht immer nur einen Satz und ist bislang mit keinerlei M ttel dazu zu bewegen, sich in den Sitzungen einzubringen oder sonst sich am Klinikleben zu beteiligen. Von diesem Mann hast du mir einmal erzählt. Du sagtest, du könntest dich nur noch schattenhaft an ihn erinnern. Du hast sogar gesagt, du würdest diesen Mann so gerne wieder sehen und fragen: <Papa, warum hast du uns damals verlassen?> Du sagtest einmal", fuhr Rainer fort, „dass deine Mutter dir offenbarte, dass sie damals einen Geliebten hätte und dein Vater die beiden erwischt hat. Das war auch das letzte Mal dass ihn jemand gesehen hat."
Annas Augen wurden trüber.
„Du sagst mir, dass mein Vater…"
„Ich bin mir fast sicher. Ich habe vor zwei Tagen ein Buch mit Gedichten und Kurzgeschichten gefunden. Der Name de Autors: Hansjörg Wunderlich."
„Du hast das Buch hier in Athen …?"
„Das ist Bestimmung und kein Schicksal mehr!"
Anna trocknete ihre Wangen.
„Und mein Vater ist in Ulm?"
„Er hat den Schmerz, der ihm damals widerfahren ist, nicht überwunden. Er verließ deine Mutter und dich, weil er den Schmerz, dem ihm die Liebe zufügte, nicht bezwingen konnte. Vielleicht ist es dein Schicksa , Anna, dass dein Vater und der Mann, den du liebst, so ähnlich sind. Sie werden mit der Macht der Liebe nicht fertig. Es ist so wunderbar geliebt zu werden. Es ist so zauberhaft lieben zu dürfen, und irgendwo dazwischen ist die Kluft, der Abgrund."
„Lass uns ab heute leben, Rainer."

Es klopfte an der Tür. Anna ging ins Bad. Als sie nicht mehr zu sehen war, trat Inspektor Papadopoulos ein, nachdem er ein <Herein> hörte.

„Es tut mir sehr leid", sagte er, „dass Sie so einen negativen Eindruck von Griechenland beibehalten werden. Ich setze mich dafür ein, dass die Leiche ihrer Frau schnell freigegeben wird. Bitte entschuldigen Sie uns, aber Sie verstehen, dass wir alles erfragen müssen. Es scheint wirklich ein Unfall gewesen zu sein. Mehrere Hotelgäste haben versichert, dass sie die ganze fragliche Zeit die Bar nicht verlassen haben." Er fuhr fort, dass keine weitere Spuren gefunden wurden, was das Eindringen eines Fremden in das Zimmer anbelangt.
„Ich danke Ihnen", sagte Rainer.
„Veranlassen Sie bitte über das deutsche Konsulat die Formalitäten der Überführung."
„Mache ich."

Es war pures Glück, dass niemand sich erinnern konnte, dass er für weniger als fünf Minuten die Bar verließ, um nur kurz nach Angelika zu sehen. Sie lehnte sich auf das Balkongeländer. Er sagte noch
"Pass auf! Das „Vorsicht" – Schild!"
„Sei ruhig", sagte sie, „schau da unten, ein Liebespärchen. Stör sie nicht."
Rainer vernahm eine leise Männerstimme. Eine Tür wurde geöffnet und beim Lichtschein erkannte er einen jungen Mann im Pagen-Anzug. Wenige Sekunden später war niemand mehr im Hof. Eine verlockende Stille machte sich bemerkbar. Angelika, die ihr Gleichgewicht noch nicht gewonnen hatte, benötigte lediglich einen kleinen Stoß. Das Geländer gab nach und sie landete im Hof. Rainer wusste nichts anderes, als zurück an die Bar zu gehen, um wenige Minuten später zunächst den Pagen auf Griechisch und dann den Barkeeper auf Englisch zu hören, die über die Frau im Hof sprachen.

Anna wartete einige Sekunden, nachdem sie den Inspektor gehen hörte, und kam aus dem Bad.
„Wir schaffen es" sagte sie. „Wir haben uns, wir schaffen es."

Rainer hörte sie nicht, er ging zur Tür, sah noch wie
Inspektor Papadopoulos auf den Lift wartete und rief
ihm zu:
„Herr Inspektor, ich habe meine Frau umgebracht."

Alternativ:

Anna wartete einige Sekunden, nachdem sie den
Inspektor gehen hörte, und kam aus dem Bad.
„Wir schaffen es", sagte sie „ Wir haben uns, wir
schaffen es."
Rainer hörte sie nicht, er ging zur Tür, sah noch, wie
Inspektor Papadopoulos auf den Lift wartete, und rief
ihm zu:
„Herr Inspektor, Sie haben ihren Schlüsselbund
vergessen."

Es ist nicht wahr

Ich wehre mich gegen die Behauptung
Dass ich mich verliebt habe
Das gibt es nicht
Das hat es nie gegeben

Ich wehre mich gegen die Behauptung
dass allein die Gewissheit
Dass du im Raum bist
Vivaldi-Klänge hallen lässt
Ich wehre mich gegen die Behauptung
Dass deine Anwesenheit
Mich schweben lässt.
Es ist auch nicht wahr
Dass, wenn sich deine Brüste zum Atemzug
Erheben, ich der Sauerstoff sein möchte.

Es ist nicht wahr, dass jede Stadt, in der du bist
Mir als New York erscheint
Es ist nicht wahr, dass jeder Schritt von dir
Mir sagt:
Lass uns drei Tage ins Universum fliegen
Es ist auch nicht wahr
Dass ich jedes Mal, wenn ich über eine Brücke fahre
Die Augen schließe.

Moral ist für solche
Die sie sich auch leisten können
Verantwortungsbewusstsein ist ein anderes Wort.

Wo beginnt alles und wo endet alles,
Bei der Geburt und dem Tod oder
Beim Beginn der Mittsommernacht ?
Wahrscheinlich muss ich wieder so
Dermaßen auf die Nase fallen
Um mich nicht mit dir zu messen.
Riskant sind die Tabletten nicht
Auf dem Beipackzettel gibt es keinen Hinweis

Und wenn
Bekommt man diesen nicht zu sehen.

Denken ohne Hindernis
In den Fängen von Raubvögeln

Schattenlose Straßen umzingeln die Stadt
In der gesichtslose Masken
Ihr Unwesen treiben.
Und dann kommst du
Mit der Offenbarung in den Augen
Und die Nachtmusik beginnt.

Ich wehre mich gegen die Behauptung,
Dass die Liebe so stark sein kann,
Dass der Unterschied zwischen
Gut und Böse verschwimmt.
Ich wehre mich gegen die Behauptung,
Dass weinen die Seele reinigt.

Es ist nur schlichte Sehnsucht,
Die mich regiert
Nach der anonymen Liebe,
Die es nicht gibt
Und trotzdem
Krallen in mein Herz einrammt.

Es gibt so vieles, was nicht gesagt ist
Und noch so viel mehr,
Was nicht gesagt werden kann.
Lass mich trotzdem die Behauptung äußern,
Dass du mein Leben gerettet hast,
Da ich unfähig war
Belastungen zu vermeiden.

Alles sieht so anders aus.
Von jetzt an vertraust du mir
Und ich vertraue dir
Ein bizarres Verantwortungsbewusstsein
Im Wolfsgehege.

Ich wehre mich gegen die Behauptung,
Deine Augen wären Kristalle.
Es ist auch nicht wahr,
Dass dein Lächeln
Armeen entwaffnet.
Es ist verlogen,
Dass mein Herz zerspringt,
Wenn du bekümmert bist.

Dein Name allein ist Hoffnung,
Das Meer weit
Und bei einer möglichen Sintflut
Verweise ich auf mein kaltes Herz

Im Glashaus der Herrscher
Hast du einen Logenplatz
Und was du auch sagst
Es sind zauberhafte, süße Worte
Von denen ich nachts im Traum
Alle, der Reihe nach wiederhole
Ohne Scheu
Disziplinlos
Als wollte ich Götzenanbetung betreiben.

Was kann es noch geben?
Ölbäume
Palmen
Schattenlose Zypressen
Wolken ziehen auf
Und mit nur einem Handtuch bekleidet
Erscheinst du auf der Veranda
Und hältst Hof.

Ich wehre mich gegen die Behauptung,
Dass ich mich verliebt habe,
Das gibt es nicht,
Das hat es nie gegeben.

Ich wehre mich,
Bis ich erkenne, wie wehrlos ich bin.

Nichts bereuen

Manchmal habe ich nicht die Kraft
Mit dir zu sprechen.
Dann sitze ich auf dem Bettrand,
Dieses Bett, das nach Kummer riecht
Und versuche die Gedanken
Die mich umzingeln aufzuschreiben.

Komm, und nimm mich mit,
Zeig mir die Blumen in den Gärten
Spiel mir die Melodie
Die nie zu hören sein wird.
Die Akkorde sind ganz nah,
Du jedoch so weit weg.

Es gibt keine Morgenröte,
Es gibt kein Abendrot,
Eigentlich fehlt dem Himmel jegliche Farbe.
Wenn man liebt, scheint alles banal,
Und wir wissen,
Dass unser erster Kuss
Der Anfang vom Ende sein wird.

Komm, nimm mich mit und frage,
In welcher Stadt wir gerade sind.
Nein, frage bitte doch nicht,
Es wäre besser, wenn ich erst gar nicht weiß.
Frag nicht, ob ich komme oder gehe,
Frag nicht nach Gut und Böse,
Da ich nichts bereuen werde.

Meine schönsten Momente möchte ich dir geben,
Ein Echo voller Liebespoesie.
Steine schmelzen, wenn du lächelst
Um Null Uhr Dreiundzwanzig.

Auf die Sekunde genau.
Sobald du Worte formulierst,
Bringst du Leben in mein Leben.

Komm, und nimm mich mit
Erklär mir, warum
Ein nicht Gesagtes :
„Willst du mich" am Himmel steht.
Dann liegst du halb nackt,
Während die Züge wegfahren
Und die Gefängniskeller immer feuchter werden.
Wobei die zentrale Frage lautet:
Was suche ich hier?

Ich werde es wissen, wenn du bereit sein wirst.
Du wirst mir ein Zeichen geben
Und an diesem Tag
Ein rotes Kleid tragen.
Du wirst dann vor mir stehen
Vor dem Park, auf der Straße
Und verkörpern: „Ja, ich will"

Komm, und nimm mich mit,
Unabhängig vom Licht des Tages.
Und ob die Erde sich noch dreht oder nicht,
Entscheidet die erstarrte Lava.
Die Worte radieren sich im Wind,
Der Regen färbt die Blätter bunt.
Jemand hat bemerkt, dass die Träume
Zu einem anderen Leben gehören.

Jetzt bist du wunderschön.
Wenn du jedoch eines Tages
Gesichtslos sein wirst,
Wird deine Gewandtheit dir sagen:
-Ich muss rein bleiben und auf IHN warten—
In deinem Pass jedoch steht:
Dein Schicksal ist vorherbestimmt.

Komm, und nimm mich mit,
Weil dein Blick das Wort: Liebe
In mein Herz eingemeißelt hat.
Du kannst alles leugnen,
Nur eines nicht,
Dass es uns hätte geben können.

Nicht die Fragen sind es, die uns lenken,
Sondern unsere Taten.
Dann singst du nur für mich.
In dem Moment,
Als ich es bemerke, schaust du verschämt weg
Und ich befreie dich,
Indem ich weine.

Komm, und nimm mich mit.
Erzähl mir deine Geschichte,
Und ich entführe deine Gedanken.
In dem Moment,
Als ich die Augen öffne, schmecke ich,
Dass deine Lippen nach Kirschen schmecken.
Erlebe noch deinen Atem am Ohr.
Ein Taxi hält an,
Und als es wieder anrollt,
Beginnen die Jahre deiner Abwesenheit.

Der Ring

Wenn sich die ersten Sonnenstrahlen durch die grünen Gardinen in ihr Zimmer einschmuggeln, meistens ist es in dieser Jahreszeit gegen 7 Uhr am Morgen, dann ist ihre erste Tat, nachdem ihr die Sonne die Nase gekitzelt hat und ihr durch Blinzeln bewusst wird: „Ein neuer Tag ist geboren", die Augen zu öffnen und den Ring zu sehen, den sie seit fast vier Jahren besitzt und noch nie außerhalb ihres Zimmers getragen hat. Den Ring, den sie so liebt und zu ihrem Glücksbringer ernannt hat, ist so geformt, dass man meinen könnte, eine klitzekleine Hand hält in ihrer Mitte eine Perle fest. Die Perle ist sie, weil sie genau wie dieser Schmuckstein keine Chance hat, das zu leben, was sie nur im Traum immer und immer wieder erlebt.

Sie steht auf, geht ins Bad, und, bevor sie die Türe schließt, kommt wieder der Ring in ihr Blickfeld, und wenn die Nacht zuvor wieder so eine Nacht war, in der sie nur wenig Schlaf finden konnte, dann bemerkt sie, we die eine oder andere Träne selbständig ihren wunderschönen Augen entrinnt. Wenn diese Tränen Waffen wären, würde sie die Geister, die sie Nacht um Nacht besuchen, verjagen. Wenn diese Tränen Waffen wären, dann würde sie zum Kreuzzug gegen die Emotionen antreten, die ihr das Leben zum Gefängnis machen.

Sie ist gerade fünfundzwanzig Jahre jung und von Natur aus ein lebensfrohes Wesen. Wenn man mit ihr ins Gespräch kommt, verfällt man sofort ihrer Leichtigkeit, ihrem Charme, der einem die Lust am Leben vermittelt. Man sucht ihre Nähe und fühlt sich verstanden und willkommen. Nach außen hin ist sie die Powerfrau, die nichts und niemanden fürchtet, die gegen Windmühlen wie gegen Börsenhaie reitet, die die Attribute der drei Musketiere und die Kraft der Amazonen hat. Nach außen hin ist sie die Jungfer mit dem Lächeln der Mona Lisa. Sie ist Marie Antoinette und Königin Victoria. Sie ist die Kämpferin vom Status einer Lara Croft und hat die Durchschlagskraft eines John Rambo. Dann schwebt sie, wenn sie geht, über ein Meer von Blumen und hat die Gestalt einer Fee wie aus Peter Pan. Im nächsten Augenblick die starke Person, die über Leichen geht. Bevor sie sich jedoch in die Außenwelt begibt, ist sie die Zerbrechliche, die Zarte, eine feinfühlige Frau, die durch den Anblick eines Ringes in Sentimentalität verfällt und übernatürliche Kämpfe mit sich austrägt, um sich der Außenwelt darreichen zu können.

Sie arbeitet im vierten Jahr für einen internationalen Konzern. Die belgische Europazentrale suchte 2004 in Frankfurt nach Verstärkung, und allein aufgrund der Tatsache, dass sie mehrere Sprachen fließend spricht, bekam sie die Stelle. Neben ihrer Muttersprache spricht sie deutsch, englisch und spanisch. Es war ihr nicht leicht gefallen das Unternehmen zu verlassen, das ihr erst die Ausbildung und dann 18 Monate angenehme und erfolgreiche Arbeit ermöglichte. Sie war der Augapfel des Geschäftsführers, und als dieser nach Jahrzehnten das Unternehmen altershalber verließ, ging auch sie, und hatte das nötige Glück, eine für sie fast wie auf den Leib geschnittene Arbeitsstelle zu finden.

Sie ist Moslemin. Für die muslimische Frau ist die Heirat mit einem Mann, der nicht an den Islam glaubt, nicht gestattet. Wer an Allah glaubt, versucht sich an seine Gebote zu halten. Die einzige Möglichkeit, dass die Ehe dennoch zustande kommt, ist die, dass der Nichtmuslim zum Islam konvertiert. Sie wohnt noch bei Ihren Eltern, und obwohl sie bereits fünfundzwanzig ist, ist sie verpflichtet, jeden ihrer Schritte mit ihren Eltern abzustimmen. Sie hat hervorragende fürsorgliche Eltern. Sie hat Eltern, die ihr alles, was einer Moslemin erlaubt ist, erlauben und man hat sie immer unterstützt. Sie selber fühlt sich auch durch die Tatsache, dass sie sich ständig erklären muss, nicht in ihrer Würde und ihrem Freiraum beengt, sie kennt nichts anderes. Die Bestimmung, als Jungfrau in die Ehe zu gehen, war für sie das erste Gebot.

In dieser Firma nun traf sie Jose. Jose, gebürtiger Spanier, 28 Jahre alt, war der Typ Mann, der ihr gefallen konnte. Groß, dunkelhaarig, keine breiten Schultern und trotzdem vom Körperbau eines Athleten. Jose arbeitete als EDV – Spezialist, und sie hatte gleich am ersten Tag die Freude seine Bekanntschaft zu machen. Wiederum am ersten Tag, ihr wurde die Firma genauer vorgestellt, traf sie ihn wieder im Casino, als sie bei einer Tasse Kaffee nach ihren ersten Eindrücken gefragt wurde. Die Erinnerungen an diesen ersten Tag blieben lange lebendig und als exakt ein Jahr darauf Jose sie zum Mittagessen ist Casino abholte, hatte sie genau ein Jahr im Unternehmen verbracht und kannte ihren Begleiter, der längst zu ihrer heimlichen Liebe geworden ist, genau so lang. Als er sie an ihren Arbeitsplatz zurück begleitete, bat er sie, eine Minute zu warten, um kurz darauf mit einem kleinen Etwas zu kommen.
„Zum Zeichen meiner Freundschaft", sagte er und übergab ihr das kleine Päckchen. „Öffne es später", sagte er noch und ging zurück, da in dieser Sekunde sein Handy klingelte und er auf dem Display die Nummer seiner Abteilung las.

Am Abend hatte sie, nachdem sie sich von ihren Eltern, die eine Videocassette aus ihrer Heimat ansahen, verabschiedete und in ihr Zimmer ging, das Päckchen noch nicht geöffnet. Sie stellte es auf ihren kleinen Nachttisch. Sie ging ins Bad und bevor sie die Türe schloss, kam dieses Päckchen in ihr Blickfeld. Sie rannte zurück, und öffnete hastig das Geschenk, um darin ein kleines Schreiben und exakt diesen Ring zu finden, der zum Symbol ihres Schmerzes geworden ist.

Überwältigt von der Schönheit konnte sie ihren Blick nicht abwenden. Aus dem Wohnzimmer hörte sie, wie ihre Eltern lachten. Dann faltete sie das Blatt auf, um einige wenige Sätze zu lesen:

„Ich weiß, wer du bist, und ich weiß, wer ich bin. Ich weiß, wie du denkst und fühlst, und ich weiß, was ich will. Du willst ehrenvoll sein und möchtest auf keinen Fall die Ehre deiner Eltern und die Gesetze, die eure Religion hat, missachten. Ich weiß, dass ich jetzt 28 Jahre alt bin, alt genug, um entscheiden zu können, alt genug, um zu wissen, wo mein Weg hinführt. Mein Weg kann nur ein gemeinsamer Weg mit dir sein. Ich weiß, welche Schwierigkeiten kommen können. Ich bin überzeugt, dass massive Hindernisse uns im Weg stehen werden. Ich weiß auch, dass, wenn du es willst und wenn ich es will, diese Hindernisse lediglich Sandkörner auf unserem Weg sein werden. Unpersönlich aber mit aller Liebe, die ich habe, möchte ich dich bitten, meine Frau zu werden."

Die Nacht war unruhig. Draußen hatte es begonnen zu regnen. Einige Regentropfen klopften an ihr Fenster und als der Schlaf die Oberhand bekam, hatte bereits der Morgen begonnen. Das Morgenrot wurde sichtbar. Es war Wochenende und sie hatte einige Stunden Zeit, eine Antwort für ihn auszudenken. Doch welche Antwort?

Als sie am Montag ins Unternehmen kam, erfuhr sie genau so zufällig, wie man erfährt, dass die Fahrstühle blockiert sind, dass Jose in die Madrider Filiale gewechselt hat. Seinem Wunsch auf Versetzung wurde kurzfristig zugestimmt. In ihrem Email Postfach fand sie sieben neue Nachrichten.

Eine davon war von ihm. „Sorry, ich weiß, dass ich feige bin. Bitte verzeih mir. Eines solltest du jedoch wissen, dass ich alles, was in meinem Brief steht, der Wahrheit entspricht. Die Tatsache, dass ich jetzt in Madrid bin, beeinträchtigt nicht meine Gefühle und Empfindungen. Mein Aufenthalt hier ist unbedeutend und ich freue mich sehr, dich bald wieder in meiner Nähe zu wissen. Lass dir Zeit mit deiner Antwort, aber bitte antworte mir."

Es verging einige Zeit, in der sie sich der Gleichgültigkeit verschrieb. Sie hatte einen Hauch von Hoffnung, die sie jedoch sofort wieder erstickte. Er schrieb ihr in den darauffolgenden Wochen mehrere Mails, die sie nicht beantwortete. Sie lebte in einer Zwischenwelt und konnte sich nicht zwischen Licht und Schatten entscheiden, wobei sie nicht wusste, was Licht und Schatten ist. In ihrem Herzen und ihrem Verstand spielten sich unbarmherzige Kämpfe ab. Sie wusste, dass die Zeit für einen Wendepunkt gekommen war. Einige Monate vergingen. Jose schrieb ihr in regelmäßigen Abständen, drei Mal hatten sie sogar miteinander telefoniert, aber sie war nicht in der Lage, sie hatte nicht die Kraft, ihm seine Frage zu beantworten.

Am 17. Mai sollte das jährliche Europa-Meeting in Frankfurt stattfinden. Er schrieb ihr lediglich, dass er zu dem Treffen nicht kommen könne. Kein besonderes Bedauern darüber, eine emotionslose Absage. Sie dagegen hatte sich ganz fest vorgenommen, ihm ihre Liebe zu bekennen, zu bekunden, dass sie während dieser letzten drei Jahre nur auf diesen Tag gewartet hatte. Sie wollte ihm sagen, dass es keine Grenzen mehr geben würde. Keine Grenzmarken der Religion, keine Schranken der Familie, keine Grenzmarken der Moral. „Ich bin dein", wollte sie ihm sagen. „Schau auf meine Hand. Erkennst du den Ring? Ich trage ihn heute zum ersten Mal, da ich dir heute und jetzt von ganzem Herzen, ein <Ja > sagen möchte."

Der 17. Mai kam, und sie erfuhr, dass sein Fernbleiben mit der Geschäftsleitung abgesprochen war, da er sich gerade auf seiner Hochzeitsreise befand. Sie suchte Trost in der Einsamkeit und verschloss sich in der Isolation.
Es kam ihr gerade recht, dass sie eine Urlaubswoche eingeplant hatte. In dieser Woche musste sie sich wieder finden. Musste sie erkennen, dass die Bande der Liebe im Reich des Schicksals geschnürt werden. Sie hatte die Schlacht verloren, sie nahm sich vor den Kampf jedoch aufzunehmen. Sie gab sich vier Wochen Zeit. In diesen vier Wochen wollte sie sich entscheiden, ob sie weiterhin in den ihr gegebenen Gesetzrichtlinien leben wollte, sie favorisierte dieses Leben, oder sich jetzt in die Fluten werfen, sich auch mal treiben lassen sollte, sich fallen lassen, um wieder aufstehen zu können. Auf den Tag genau nach vier Wochen - so hat sie es sich vorgenommen - wird das Leben, ihr Leben so weiter gehen, oder es gibt einen Bruch und einen Neuanfang, den sie schon oft geistig durchgespielt hatte.

Sie betrachtete den Ring, der Ring, den sie immer noch nie angehabt hatte, und streifte ihn vorsichtig über ihren Finger. Draußen hatte der Regen wieder einmal die Sonne verdunkelt. Mit aller Vorsicht und Behutsamkeit zog sie den Ring an, und als er auf dem Finger saß, verdeckte sie ihre linke Hand mit der rechten, als wollte sie die Tatsache verstecken, als wollte sie den Schmuck ihrer Finger unsichtbar machen. Sie zog ganz sacht ihre Hand weg und betrachtete den Ring, der ihrer Hand eine besondere Weihe verlieh. Sie schloss die Augen und spürte eine unsichtbare Kraft in ihr. Als sie ihr Fenster öffnete, hatte der Regen etwas nachgelassen. Ganz vorsichtig stahlen sich einige Sonnenstrahlen hervor.

Auf der Straße begann die Geschäftigkeit. Die Menschen beeilten sich und als ein Hauch von Wind ihre Wange streifte, erlöste sie ihre Lunge mit dem Schrei: „Welt ich komme!"

Einfache Worte

Am Rande des Existierens
Endet eine Affäre,
Bevor sie überhaupt beginnen konnte.

Wenn ich ein Fotograf wäre,
Würde ich das schönste Photo,
Das es je geben könnte, von dir schießen.

Wenn ich ein Musiker wäre,
Würde ich die schönste Ballade
Die es gibt, für dich schreiben.

Wenn ich ein Konditor wäre,
Würde ich die zauberhafteste Torte
Kreieren, da ich dich vor Augen habe.

Wenn ich ein Maler wäre,
Würde Mona Lisa ein Discountbild
Im Vergleich zu deinem sein.

Wenn ich ein Modeschöpfer wäre,
Würde ich Kleider entwerfen,
Die nur für dich gemacht sind.

Wenn ich ein Astronaut wäre,
Würde auf dem Mond
Eine Flagge mit deinem Namen stehen.

Wenn ich ein Sänger wäre
Würde ich nur das eine Lied
Von dir singen.

Wenn ich ein Autodesigner wäre,
Würde jedes Modell
Dich darin beinhalten.

Wenn ich Politiker wäre,
Würde das erste Gesetz lauten.
Dich zu würdigen.

Bin nichts von all dem,
Bin nur jemanc, der sich unsterblich
In dich verliebt hat.
Der dich liebt, wenn du lächelst.
Der dich liebt, wenn du schmollst.
Der dich liebt, wenn du traurig bist.
Der dich liebt, wenn du nicht weiter weißt.
Der dich liebt.
Der dich liebt,
Indem er dich deinem Schicksal überlässt

Ehrliche Lügen

Als man dich fand
Keine drei Schritte vor dem Tod
hattest du nur.....
--Weiterleben-- hauchen können
Man versetzte komplette Abteilungen in Bereitschaft
Man suchte Tage, Wochen und Monate nach einem
Zeichen
Viele zweifelten schon daran
Überhaupt einen Anhaltspunkt zu finden.
Bis sich die Spuren durch die Realität beseitigten
Und lediglich ein weiterer ungelöster Fall das
Archiv des Kriminalinstituts dekorierte.

Du hattest meine Adresse in Deiner Tasche und
Als der Anruf kam, ich solle zum Präsidium kommen
Lagst Du vor mir und erspähtest mich mit diesem
Blick
Wie vor genau zwölf Jahren, als ich Dich das letzte
Mal sah.
Ich erinnerte mich an Deine Worte
Du sagtest: "In einem anderen Leben vielleicht"
Und trotzdem schmecke ich
Jedes Mal wenn ich mich hinlege
Deinen Geruch im Bett
Die Tage vollkommen leer
Würdelos
Als wäre das Leben eine Gewohnheit.
Den Geschmack Deiner Haut spüre ich immer noch
Wenn ich die Augen schließe und an Dich denke
Ich will nicht schlafen wenn ich träume, will wach
sein
Genießen, schwelgen, mich an dem Augenblick
erfreuen.
Man sagte mir, Du würdest apathisch sein
Wer wagt es, Dich so zu nennen, Dich, die das
Leben genoss
Du warst der Spiegel meiner Seele

Hier und jetzt
Jetzt, wo du wieder da bist,
Hat mein Leben einen Puls.

Süße Verwirrungen durchlebten wir
Du, du bist nicht anders, du bist mehr
Und wenn jetzt meine zersetzten Erinnerungen
Die Zeit zurückbringen
Erkenne ich Dich in dem Lärm der Strasse
Im Rauschen des Sommerwindes
In der Stille meiner Einsamkeit.

Das Protokoll war einfach und akkurat:
Unbekannte Frau, sichtlich verwirrt,
Genitalien verstümmelt starke Prellungen
Apathisch, lethargisch, interesselos unbeteiligt.

Ich war Dein Liebhaber
Und manchmal dein Freund.
Ich hatte nie die Kraft, einfach ins Auto einzusteigen
Und zu sehen, wohin mich die Straße führt
Ich hatte jedoch stets das Verlangen
Dich in meiner Nähe zu wollen.

Du warst erst Mitte dreißig und
Hattest das Alter der Ewigkeit in Deinen
Gesichtszügen
Du strahltest stets inneren Frieden aus
Vielleicht hatte ich nie genug Schmerz in mir
Dich zu verstehen.

Ein Augenblick der Vollkommenheit erwacht
Ein unerreichbarer Traum
Eine unendliche Erfüllung.

Du liegst auf einer Bahre
Wie andere in ihrem Sarkophag
Und Dein Blick kann meinen nicht finden
Wie wunderschön Du bist

Jetzt auch in dieser Stunde.
Der Zauber Deiner Schönheit hat immer
In Deiner Ungeduld ihren Ursprung gehabt.
Da liegst Du nun
Deine zarte lichtundurchlässige Haut
Leugnet Dein wahres Alter.

„Hörst Du mich" flüstere ich
„Bist du wach?"
Irgendwann, nach Jahrtausenden glaube ich ein
--Weiterleben—zu hören
„Bitte wiederhole" fahre ich fort
Und da zerbrochene Seelen
Das Licht spiegeln, vernehme ich deutlich die Worte:
„Ich will nicht weiter leben"

Abwesenheit, die in meinem
Herzen pocht
Erstarrt den allerletzten Rest an Kraft in mir.
Wie kommt man aus seinem Leben
Da dort, wo Zuneigung weilt
Liebe nicht immer existiert
Dort wo die Fragen sind
Nicht immer Antworten gibt.

„Haben Sie diese Frau gekannt"
„Kann mich nicht erinnern" log ich
„Sie ähnelt einer früheren Bekannten,
nein, ich denke nicht, dass sie es ist."

Als ich wieder nach Hause ging
Trunken vor Schmerz, da ich mit Deinem Tod
Mein Profil verlor
Zogen die Jahre unseres Beisammenseins
Wie Wächter des Herzens vorbei.
Und das Bewusstsein für
Ehrliche Lügen begann.

Verjährte Liebe

Paula rief an.

„Kannst du mich gut verstehen," sagte sie.

„Klar, freu mich dich zu hören."

„Wie geht es dir?"

„Sehr gut, danke, ich hoffe dir auch."

„Klingt phantastisch, es ist wirklich sehr schön, deine Stimme zu hören."

„Weißt Du, dass wir uns fast zwei Jahre nicht gesprochen haben?"

„Stimmt genau, zwei Jahre. Würde es banal klingen, wenn ich behaupten würde, dass die Zeit eine Ewigkeit und trotzdem ein Wimperschlag ist?"

„Du hast absolut recht," sagte sie. „Ich möchte", fuhr sie fort, „ich möchte dich zu meiner Ausstellung einladen."

„In Madrid?"

„Ja, ich habe in der Universidad Rey Juan Carlos eine Gemeinschaftsausstellung."

„Klasse, ich habe niemals an dir gezweifelt. Wie ist das Leben in Spanien, wie kommst du mit dem Klima zu Recht? Findest Du auch dort dein Lieblingserdbeereis?"

„Mir geht es schon sehr gut, danke, es ist alles so wunderbar hier, ich denke dir würde es auch gefallen."

„Bestimmt", sagte ich, „Großstadtleben hat seinen besonderen Reiz. Wann findet die Ausstellung statt?"

„In acht Tagen, kommst du?"

„Klar werde ich versuchen zu kommen, ist doch Ehrensache oder?"

„Wäre wirklich toll, ich würde mich wahnsinnig freuen. Meine Eltern sind bereits hier."

„Wäre es auch ihm recht?" fragte ich etwas kleinlaut.

„Ihn gibt es seit über einem Jahr nicht mehr. Es war eine kurze Liebelei, du weißt doch, wie so was läuft."

„Seit einem Jahr schon?... Aber warum.....Sorry es geht mich nichts an."

Als ich den Hörer auflegte, hatte ich das Gefühl, dass ich einer verjährten Liebe begegnet bin. Paula hatte unsere Beziehung, wenn es eine war, innerhalb einer halben Stunde beendet. Kunst war immer ihr Wegweiser, und an einem Freitagabend, nach einer Vernissage, zauberte sie die Worte wie mit einem Pinselstrich auf eine Leinwand:
--Deine Freundschaft ist mir sehr wichtig, aber ich muss mich selber suchen. —
Und wie man weiß, dass fremde Zungen fremde Sprachen sprechen, so wusste ich, dass ein Mann in ihr Leben eingetreten ist.
Als sie ging, sagte sie: „Gib mir deine Angst". und ich blieb mit den Erinnerungen der letzten drei Jahre zurück.

Als ich wieder von ihr hörte, war es zufällig in der Straßenbahn, als mich ihre Mutter erkannte und ich ihr lediglich ein hilfloses Lächeln erwidern konnte.
Sie berichtete, dass Paula in Madrid sei und in einer Kunstakademie arbeitet.
Mein Kopf war ein Leergutcontainer, und ich saugte jedes Wort über sie ein.
Fragile Gedanken umarmten mich, und die Vergangenheit schoss wie ein Überschallflugzeug vorbei.
Das, was man nie sagt, ist oft lauter als ein ausgesprochenes Wort.

Zarte Berührungen sind Botschafter der Liebe, und ich hatte nicht den Mut gehabt, nicht die unendlichen Chancen genutzt, ihr dieses zu offenbaren.

Die letzten drei Jahre vor ihrer Abreise krochen Nebelschleier über meine Sinne.
Wir waren die besten Freunde. Eine kleine Umarmung da, ein flüchtiger Kuss: Wir waren

Freunde, bis sie einen neuen Ausdruck in meinen Augen erkannte, und dann war sie schon weg.

Es duftet nach Sonne, wenn ich an sie denke. So vieles gäbe es zu sagen, aber die Worte dafür sind noch nicht erfunden.
Nacht herrschte stets in meiner Wohnung, und der Winter war durch das Fenster zum Greifen nahe. Paula erkannte früh, dass Angst immer ein Wegweiser war. Mein stetiger Begleiter. Jetzt, da manche Erinnerungen verblassen wie ein altes Photo, bemerke ich im Rückspiegel meiner Augen eine Veränderung der Sehnsucht in mir. Gefühle der Verbundenheit wie schmutziger Schnee des letzten Winters.

Paula hat sich gemeldet und ich werde zu ihr reisen und möglicherweise, undenkbar, unsichtbar erklären können, warum die Sonne versinkt, wenn sie am schönsten scheint. Immer wieder aufkommende Sehnsucht. Wenn der Wind mit den Blättern spielt, wenn die Tränen keinen Fluss mehr haben, wenn man lacht, um nicht weinen zu müssen.

Ich erkenne mich nicht mehr im Spiegel, und als ich vor dem Reisebüro stehe, um den Flug nach Madrid zu buchen, denke ich, dass Paula vor einer Ewigkeit wunderschön war, und genau so möchte ich sie in der Erinnerung behalten, und ich beschließe, ins Kino zu gehen, statt einen Flug zu buchen.

Das blaue Band

Seine Augen umkreisten die kahlen Berge, die nackter waren als anderswo, und trotzdem eine stille, karge Schönheit ausstrahlten. Andreas war wieder einmal in Griechenland, in dem Land, dessen Identität er in sich trägt. Er hatte sich fest vorgenommen, fünfzehn Tage Unbeschwertheit zu erleben. Er wollte versuchen, einen Sinn zu erkennen, warum ihn die Ereignisse der letzten Jahre so geprägt hatten. Das Auto hatte er bereits von Deutschland aus gemietet und so konnte er sich auf den Weg nach Patras begeben. Dort hatte Andreas vor fast drei Jahren seine Hochzeitsreise begonnen.

Die erste Woche war eine Woche unendlichen Glücks gewesen. So beschloss er, wieder in demselben Hotel ein Zimmer zu buchen. Bei seinem Anruf vor über acht Wochen hatte er ausdrücklich das Zimmer 314 verlangt. Jetzt saß er dort in diesem Hotelzimmer über einen kleinen Tisch gebeugt und versuchte, eine Geschichte, die aus zwei Vergangenheiten bestand, aufzuschreiben. Er wollte versuchen, so schonungslos wie möglich nach der Wahrheit zu suchen, wie das alles überhaupt passieren konnte und warum er auf der Suche nach dem Vollkommenen so viel Schmerzliches erleiden musste.

Er legte für einige Minuten den Stift weg, um die Balkontür zu öffnen. Die Hitze im Zimmer war unerträglich. Durch das Öffnen der Balkontür trat jedoch wärmere Luft, die noch mehr Schwüle mit sich brachte, ein. Auf dem Balkon wehte ihm eine sanfte Brise Meeresluft entgegen. Vielleicht gelang es ihm, in dieser Nacht etwas besser zu schlafen. Er hoffte, von diesen Ängste, die ihm die Brust einschnürten, nicht mehr heimgesucht zu werden. Hier, in dieser Stadt, in diesem Zimmer, hatte sein

Leben vor noch nicht allzu langer Zeit einen Wendepunkt erhalten und so musste er gerade an diesem Ort versuchen, eine Antwort darauf zu finden, wieso er sich am Rande der Selbstaufgabe bewegt hatte.

*

Die ganze Familie war aufgeregt. An einem Mittwochnachmittag waren alle zum Münchener Hauptbahnhof gefahren. Andreas Eltern zeigten sich ungeduldiger als manches Kind vor der weihnachtlichen Bescherung. „Onkel Johann ist der beste Onkel, den du hast", sagte seine Mutter. „Sofia ist ein wunderbares Mädchen". Sofia war die Tochter von Onkel Johann, also seine Cousine. Andreas schwieg, da er weder zustimmen noch widersprechen wollte. Seinen Onkel hatte Andreas vor über zwanzig Jahren, als er fünf Jahre alt war, das letzte Mal gesehen. Sofia war er noch nie begegnet, er hatte noch nicht einmal ein Foto von ihr gesehen. Andreas wusste nur, dass sie neunzehn Jahre alt war und mit ihrem Vater nach Deutschland kam, um hier einige Semester Medizin zu studieren.

Auf dem Hauptbahnhof herrschte reges Treiben. Um sich auf das bevorstehende Heimspiel ihrer Fußballmannschaft einzustimmen, tranken Fans bereits um diese Stunde Alkohol und johlten Siegesparolen. Der Sonderzug aus Hannover war gerade gekommen. Zwei Gleise weiter, am Bahnsteig Gleis 16, herrschte die gleiche Betriebsamkeit. Hunderte von Griechen erwarteten ihre Familienangehörigen und Freunde. Als ein Lautsprecher das Einfahren des Hellas-Express ankündigte, drohte das rege, erwartungsvolle Treiben am Bahnsteig in Hektik und Chaos umzukippen. Alle Griechen wollten zu den ersten gehören, die ihre Verwandten oder Freunde in die Armen schlossen und begrüßten. Jeder schob, drängte und zwängte sich weiter nach vorne. Diesem

Gedränge und Lärm waren auch die letzten Tauben auf dem Bahnhof gewichen und aufgeschreckt davon geflogen.

„Vorsicht bitte, auf Gleis 16! Vorsicht bitte, auf Gleis 16! Der Hellas-Express aus Athen und Saloniki fährt in Kürze ein. Vorsicht bitte, auf Gleis 16!"
Auch Andreas Eltern ließen sich von der Menschenmenge mitreißen. Er hingegen zog es vor, sich etwas weiter hinten im Schutz eines Mauervorsprungs aufzuhalten.
Als sich schließlich die Türen des zum Stehen gekommenen Zuges öffneten, fielen sich die Menschen in die Arme und küssten sich. Freundentränen des Wiedersehens und der Rührung standen vielen Wartenden und Ankommenden in den Augen.
Wie erwartet, sah sein Vater sah die beiden zuerst. Voller Freude rief er nach seinem Bruder, seine Mutter winkte mit beiden Händen. „Komm!", rief sie ihrem Schwager zu, während sich die vielen Menschen allmählich auf die Ausgänge zu bewegten.
Sein Onkel schien ihm nicht fremd, da er eine starke Ähnlichkeit mit seinem Vater aufwies. Sofia dagegen war für Andreas eine bisher vollkommen unbekannte Person, aber ihr unbeschreiblich schönes Lächeln verzauberte Herz und Verstand vom ersten Augenblick an. Beide, Onkel wie Cousine, wurden herzlich mit Küssen auf beide Wangenseiten begrüßt. Um mit dem Auto nach Hause zu fahren, machte sich die Familie auf dem Weg zum Parkhaus. Immer noch begegneten ihnen Fußballfans, die lautstarke Gesänge anstimmten und nicht immer erkennbare Lieder trällerten.

In der Ortschaft angekommen, speisten sie das üppige Begrüßungsessen, das seine Mutter in stundenlanger Arbeit liebevoll vorbereitet hatte. Die Begrüßungsfeier dauerte bis kurz nach Mitternacht.

„Sicherlich seic ihr müde von der langen und anstrengenden Reise", hörte Andreas seine Mutter zu den Neuankömmlingen sagen. Dies war auch für ihn auch der Moment aufzustehen, sich von den Eltern, Onkel und Cousine zu verabschieden und sich auf den Weg zu seiner Wohnung zu begeben, die lediglich fünf Fahrminuten entfernt lag.
Im Fühlen großer Lebensfreude und tiefen Glücks, seine große Liebe mit nach Deutschland zu bringen und hier gemeinsam mit ihr zu leben, hatte Andreas diese Wohnung erst vor knapp achtzehn Monaten eingerichtet. Warum diese von ihm so groß empfundene Liebe von so kurzer Dauer war, konnte Andreas noch immer nicht beantworten, denn nach genau sieben Monaten Ehe hatte ihn seine Frau verlassen. Das Leben ging für ihn unerklärliche Wege.

Andreas hatte M. (ihren Namen sprach er seither niemals mehr aus) während eines Sommerurlaubes kennen gelernt. Er hatte sich, wie man das so schön beschreibt, Hals über Kopf in diese Frau verliebt. Und nur wenige Monate später fühlte er sich von M., mit der er geglaubt hatte, die große Liebe seines Lebens gefunden zu haben, in liederlicher Art und Weise reingelegt.
Das tiefe Gefühl des Hasses war zwischenzeitlich verschwunden, aber in der Tiefe seines Herzens verachtete Andreas diese Frau sehr.

*

Wann immer er Sofia betrachtete, verzauberte sie Andreas mit ihrem Lächeln. Sophia gehörte zu jenen, welche die Fähigkeit besaßen, die guten Eigenschaften im anderen Menschen zu erkennen. Sie war inzwischen schon eine Woche in Deutschland und durch die täglichen Besuche des Goethe-Institutes entwickelten sich ihre Sprachkenntnisse in außergewöhnlicher Geschwindigkeit.

In den ersten Tagen, er hatte sich von seinem Obermeister einige freie Tage genehmigen lassen, fuhr er mit seinem Onkel und Sofia kleinere Ausflugziele an. Beiden, die zum ersten Mal in Deutschland waren, bot sich damit die Gelegenheit, Land und die Leute etwas besser kennen zu lernen. Um ihre Sprachkenntnisse weiter zu vertiefen, schrieb Sofia sich in das Einführungsseminar für Deutsch ein. Nach bestandener Prüfung könnte sie umgehend mit dem Studium beginnen. Andreas, der hier geboren war und die deutsche Sprache beherrschte, bot Sofia in seinen freien Stunden gerne zusätzliches Sprachtraining an. Zusehends gelang es beiden, sich in Deutsch zu unterhalten. Hätte ihm jemand zuvor prophezeit, dass er aus freiem Willen und eigener Motivation heraus einem anderen Menschen Deutschunterricht erteilte, hätte er denjenigen sicherlich ausgelacht. Mit Sofia jedoch wurde alles ganz anders. Vom ersten Tag an spürte Andreas seine Zuneigung zu dieser Frau. Die tiefe Intensität jeder gemeinsam mit ihr verbrachten Minute ließ Andreas bald erkennen, dass er sich in Sofia verliebt hatte. Er war sich darüber im Klaren, dass niemand seine Gefühle für Sofia auch nur im Ansatz erahnen oder erkennen durfte. Zu keiner Zeit durfte er sich verraten. Andreas erkannte, dass das Leben innerhalb kurzer Zeit einen weiteren, nicht einsehbaren Weg für ihn bereithielt.

M. war nun seit acht Monaten aus seinem Leben verschwunden.

Das plötzliche und unangekündigte Verschwinden von M. hatte Andreas den Boden unter den Füßen weggezogen, jeden Halt verlieren lassen. Viele Tage lang hatte er sich, für niemanden erreichbar, in seiner Wohnung eingeschlossen. Anfangs irrte Andreas in den Nächten noch durch die Straßen, um nach M. zu suchen. Mittlerweile stand er nicht mehr auf, weder tagsüber noch nachts,

Gedanken und Seele gemartert vom immer wiederkehrenden, quälenden inneren Auftauchen jener letzten gemeinsamen Minuten.

… Wer hätte es in dieser Nacht erahnen können? Es war am 5. Mai, jenem Donnerstag, als er sich nach einem anstrengenden Arbeitstag zum Schlafen hinlegte. Ihr Abschiedskuss, ein Judaskuss, brannte noch auf seiner Haut. Andreas und M. hatten zuvor einen aus seiner Sicht absolut dummen und überflüssigen Streit. „Bald ist nichts mehr wie es war", sagte M. während des Streites. Warum hatte er dieser Aussage, diesem einen Satz, keine Bedeutung beigemessen? Warum erkannte er hinter diesen Worten nicht das Ankündigen ihres Fortgehens und Verlassens?
„Ich räume noch die Küche auf und komme ins Bett", waren ihre nächsten Worte.
Der erste Hauch des Schlafes hatte ihn bereits ummantelt, als er bemerkte, dass auch M. sich ins Bett legte. In diesem Moment spürte er jenen Judaskuss auf seiner Wange.
Als er am nächsten Tag nach der Arbeit nach Hause kam, fand er ihren Abschiedsbrief auf dem Wohnzimmertisch.

Nach für ihn endlos langen Tagen, Wochen und Monaten gelang es Andreas endlich, M. langsam aus seinem Herzen und Gedächtnis drängen zu können. Er begann sich wieder zu spüren, als Mensch zu fühlen.

*

Das erste Mal, als er mit Sofia ausging, führte er sie in ein kleines Cafe am Nordbahnhof. Sie hatten in der oberen Etage, fast am Ende des Raumes, Platz genommen. Sofia bestellte einen Cappuccino und ein Stück Käse-Sahne-Torte. Im alltäglichen Leben vergaß Andreas viele wichtige Dinge, doch an diese für ihn einzigartigen Stunden erinnerte er sich noch in allen Einzelheiten. Er entsann sich, wie sie zur

Toilette wollte und sich schämte, ihn zu fragen, wo diese sei. Jede Geste, wie Sofia die Torte aß und den Kaffe dazu trank, hatte sich in seinen Kopf eingebrannt. Als er sie schließlich fragte, ob sie noch etwas bestellen wollte, antwortete Sofia auf ihre eigene, oft etwas zu höflich wirkende und immer mit einem freundlichen Lächeln begleitende Art „Danke, nein, vielen Dank". Andreas war diese zuweilen übertriebene Höflichkeit fremd und es kostete ihn Mühe, gelassen zu bleiben. Seinerseits wuchs hingegen das Verlangen, sich selbst bei Sofia für diese zauberhaften Stunden, die sie gemeinsam verbrachten, zu bedanken. „Danke für diesen schönen Abend" sagte Sofia und schenkte ihm ihr zauberhaftes Lächeln. Beide verließen das kleine Cafe und beschlossen mit dem Film „Verschollen im Bermuda-Dreieck" ihren ersten gemeinsamen Kinobesuch. Von diesem Abend an gingen Andreas und Sofia noch oft zusammen ins Kino. Später mieden sie Katastrophenfilme und waren sich wie in vielen anderen Bereichen einig, dem künstlerisch anspruchsvollen Film den Vorzug zu geben.

An einem jener langen Sommerabenden, an denen die Abendsonne niemals unterzugehen schien, besuchten Andreas und Sofia den Rummelplatz. „Wir sind miteinander verwandt", meinte Sofia. Warum ihr gerade jetzt diese Worte in den Sinn kamen, konnte sich Andreas nicht erklären. Beide waren nie zuvor eine Achterbahn gefahren. Und obwohl Andreas ihr abriet, bestand Sofia hartnäckig darauf, eine erste gemeinsame Fahrt zu wagen. Nach der rasanten Fahrt schien Sofia benommen. Kaum ausgestiegen, rief sie „Halte mich bitte!" und fiel ihm in die Arme. Sie in den Armen spürend, wünschte sich Andreas nichts anderes als Stillstand von Zeit und Raum.

*

Genau dieses Gefühl hatte M. hatte ihm in den ersten drei Wochen ihrer Ehe geschenkt. Wie verliebt sie damals waren! Andreas hegte so tiefe Gefühle für M., dass es zu diesem Zeitpunkt für ihn nicht mehr vorstellbar war, jemals anders für diese Frau zu empfinden.

Nachdem sie in Griechenland geheiratet hatten und nach Deutschland gekommen waren, widmete M. ihre gesamte Aufmerksamkeit und ihr Bemühen dem Einrichten der gemeinsamen Wohnung.

Erste kaum wahrzunehmende Zweifel, die ihn wie kleine Nadelstiche trafen, keimten in Andreas an jenem Abend auf, als M. ihm stundenlang stumm und abwesend gegenüber saß und er sich ihr Verhalten fälschlicherweise mit Heimweh erklärte. „Was würdest Du machen, wenn unsere Liebe nicht von Dauer wäre und wir uns trennten?" fragte M. in die Stille des Raumes hinein. „Nur der Tod kann uns trennen", antwortete Andreas. Welch schmerzliche Wendung diese Liebe erfahren sollte, konnte er in diesem Augenblick noch nicht erahnen.

Vor ihrer Hochzeit vertraute M. ihm an, dass sie noch mit keinem anderen Mann geschlafen hatte und noch Jungfrau war. Andreas konnte später weder begreifen, warum sie ihm diese Lüge erzählt hatte, noch was sie damit bezwecken wollte. In keiner Bemerkung oder Andeutung hatte er zu irgendeinem Zeitpunkt ihre Jungfräulichkeit zur Bedingung gemacht. Nicht die Jungfräulichkeit, sondern ihr Körper, ihre Bewegungen, ihr Geist und ihre Worte zogen Andreas unwiderstehlich an. Er hatte sich unsterblich in diese Frau verliebt. Andreas bemühte sich, M. klar zu machen, dass das Leben, das beide vor der ersten Begegnung geführt hatten, nicht mehr von Bedeutung war. Er ahnte nicht, welche Vergangenheit M. mit sich trug.

*

Einige Tage nach dem Besuch des Rummelplatzes lud Andreas seinen Arbeitskollegen Günther, dessen Frau Ingeborg und Sofia zu sich nach Hause ein. Sofia half ihm bei der Vorbereitung und die vier verbrachten gemeinsam einen fröhlich, ausgelassenen Abend. Zu später Stunde verließen Ingeborg und Günther lachend und leicht torkelnd die Wohnung. Frohgelaunt bestand Andreas darauf, Sofia nach Hause zu begleiten. Sie willigte unter der Bedingung ein, dass beide den Heimweg zu Fuß antraten und das Auto stehen ließen. Kaum auf dem Gehweg, blies ihnen ein kühler Nachtwind entgegen. Sofia schmiegte sich fest an Andreas und beide versuchten sich gegenseitig zu wärmen. Vor der Haustür gab Sofia ihm einen kleinen Kuss auf die Wange. „Danke für diesen schönen Abend" sagte sie. „Ich habe dir zu danken" rief er ihr nach, als sie hinter der Haustür verschwand. Vom Glück benommen, ging Andreas langsam zu seiner Wohnung zurück.

In den Monaten, als M. mit Andreas zusammen wohnte, hatten die beiden auch öfters Freunde zu Besuch, aber er konnte sich nicht erinnern, diese Fröhlichkeit und Unbeschwertheit des gestrigen Abends nur einmal verspürt zu haben.
M. war mit den einfachen Umgangsformen und Grundregeln des Benehmens nicht vertraut. Sie war in einem Bergdorf geboren worden und hatte in der Abgeschiedenheit die Derbheit der Menschen dieser Gegend übernommen. Als sie sich kennen lernten, konnte Andreas keine anderen Gedanken zulassen, als dass ihr großes Interesse ausschließlich seiner Person galt. M. war noch nie zuvor einem Mann aus der Stadt begegnet und so waren es seine Geschichten und Erfahrungen eines ihr bisher völlig unzugänglichen Lebens, die sie faszinierten und lockten. Sie saugte das Neue in sich auf und wendete sich diesem Mann zu, der ihr die

Gelegenheit bot, aus der Eintönigkeit und Einfachheit des bisherigen Dorflebens heraus zu kommen. Durch Andreas bot sich M. die Chance auf ein neues und aufregendes Leben. Für sie war es die Chance zur Veränderung, dieser Dorf- und Lebensenge zu entkommen, für ihn dagegen Verliebtheit, denn Andreas hatte noch nie zuvor ein so unbeschwertes und unbekümmertes Mädchen kennen gelernt. Ja, Andreas verliebte sich sehr in diese Frau.

Am Abend, an dem sich scheinbar zufällig hinter der Kirche ihre Wege kreuzten, gaben sie sich ihren ersten Kuss und Andreas wurde umgehend von einem Gefühl beflügelt, hier der Frau seines Lebens begegnet zu sein. „Wir dürfen das nicht", erklärte M. verunsichert, als sie sich aus seinen Armen löste. „Du musst zuerst mit meinem Vater sprechen." Wie in den ländlichen Gegenden Griechenlands üblich, erwies sich auch ihr Vater als Patriarch, ohne dessen Zustimmung keine Entscheidung in der Familie getroffen wurde. Nach einigen Begegnungen wurde Andreas vom Vater in dessen Haus bestellt. Der Vater murmelte vor sich hin: „Ich gebe meine Tochter in deine Hände, aber Gott möge dir beistehen, wenn ich nur eine Klage aus ihrem Mund höre!" Er sprach anschließend von Mitgift, Goldohrringen, zwei Eseln und Ölbäumen, die die wahren Lebensspender überhaupt seien. Der Vater erwähnte weiter, dass M., wenn er eines Tages nicht mehr da sein würde, sowohl das Haus als auch die Grundstücke erben würde. „Ich möchte deine Tochter, weil ich sie liebe." hatte Andreas erwidert. „Ich liebe sie so wie sie ist. Ich brauche keine Gaben." M. wurde vom Vater ins Zimmer herein gerufen. Der Patriarch stellte sich, die Arme kreuzend, vor seine Tochter. Stumm betrachtete er die beiden jungen Leute einige Minuten, schüttelte ab und zu seinen Kopf, nickte einige Male und meinte schließlich, dass er sie jetzt für einige Minuten allein lassen wolle. „Er ist einverstanden", sagte M. aufgeregt. „Ich kenne meinen Vater, er ist einverstanden."

Die ersten Prüfungen standen unmittelbar bevor. Sofia bereitete sich intensiv und gewissenhaft darauf vor. Abends unterstützte Andreas, wann immer er Zeit fand, Sofia beim Wiederholen und Vertiefen der Lektionen und Lerninhalte. In diesen Tagen arbeitete Sofia konzentriert und in sich gekehrt. Sie schien oft schweigsam und abwesend, dass es Andreas nicht möglich war, intensiveren Kontakt zu ihr aufbauen. Der Prüfungsdruck lastete schwer auf ihr.
In großer Vorfreude hatte Andreas bereits vor Wochen Konzertkarten gekauft, nicht ahnend, dass das Konzert ausgerechnet am Vorabend der ersten Prüfung stattfand. Damit Sofia sich ausschließlich auf ihre Prüfungen vorbereiten konnte und um sie nicht zusätzlich unter Druck zu setzen, hatte Andreas dieses Konzert in ihrer Gegenwart nicht mehr erwähnt. Sofia aber hatte, zu seiner großen Verwunderung und Freude, das Konzert nicht vergessen und wollte ihn unbedingt dorthin begleiten. Sie wollte Andreas die Freude nicht nehmen und sah zudem eine gute Gelegenheit darin, für ein paar Stunden auf andere Gedanken zu kommen. Die ersehnte Ablenkung aber fand Sofia während des gesamten Konzertes nicht. „Werde ich die Prüfungen bestehen?" hämmerte es in ihrem Kopf. „Ich muss sie bestehen, will nicht wieder zurück nach Griechenland!"

Und Sofia bestand ihre Prüfungen, sogar mit Auszeichnung. Als beide am Abend danach in ihrem Lieblings-Cafe glücklich und ausgelassen feierten, flüsterte Sofia ihm zärtlich, zauberhafte Worte zu, die Andreas nie mehr im Leben vergessen wollte. Es waren Worte der Zuneigung und des Vertrauens. Der Zauber, der an jenem gemeinsamen Abend mit Ingeborg und Günther begann und sich beim Auffangen ihres Körpers auf dem Rummelplatz verstärkte, hatte an diesem Abend sein Herz endgültig gefangen genommen. Andreas hatte sich vollkommen in Sofia verliebt. M. schien von diesem Abend an aus seinem Herzen gestoßen zu sein.

*

Die Ehe mit M. wurde für Andreas, je länger sie dauerte, eine Qual. Er spürte sehr bald, dass sie ihn verachtete. So sehr er sich auch bemühte, konnte er die Gründe hierfür nicht ausmachen. Wenig später offenbarte M. ihm, dass die einzigartige Chance, der Tristesse ihres bisherigen Dorflebens entfliehen zu können, der alleinige Beweggrund für ihre Heirat mit Andreas war. „Ich elender Idiot bin auf dem ältesten Irrtum der Menschheit reingefallen", sagte sich Andreas.
Dann kam der Tag, an dem M. begann, nicht mehr mit Andreas zu sprechen. Sie schwieg, wenn er nach Hause kam und wandte sich ab, wenn er versuchte, ihr einen Kuss zu geben. Ohne das Geringste getan zu haben, fühlte sich Andreas dennoch schuldig.

An einem regenreichen Tag, er hatte sich erkältet und kam nach einem Arztbesuch wieder nach Hause, fand er im Briefkasten einen Brief, der an M. adressiert war. Obwohl ihm der Name des Absenders bekannt vorkam, konnte Andreas ihn im ersten Moment nicht einordnen. Ein eigenartiges Gefühl überkam ihn und er beschloss, den Brief zu verbergen, um ihn, als M. am nächsten Tag einen Spaziergang machte, heimlich zu öffnen. Der Brief war von K.N., dem Dorfpolizisten ihres Heimatdorfes, geschrieben worden. In diesen Zeilen gestand er seine unendliche Liebe zu ihr und schwor, die gemeinsam verbrachten Nächte niemals zu vergessen. Er habe nun schon seit drei Wochen keinen Brief mehr von ihr erhalten und mache sich deswegen große Sorgen. Er sei noch verheiratet, denke aber ihretwegen ernsthaft über die endgültige Trennung von seiner Frau nach.

Grenzenlose Wut und tiefe Enttäuschung stiegen in Andreas hoch. Fassungslos trat er M., als sie vom Spaziergang zurückkehrte, mit dem Brief in der Hand entgegen gekehrt und fragte sie erzürnt, was das alles zu bedeuten habe. M. lachte laut auf, um im selben Moment zu weinen. „Das geht dich nichts an!" schrie sie Andreas an. Das waren die ersten Worte, die M. nach Tagen des Schweigens von sich gab. Andreas stieß sie beiseite. M. stolperte, konnte sich aber geschickt abfangen und ließ sich auf die Couch fallen.

„Ich hasse dich", heulte sie, ins Schlafzimmer rennend. Andreas bekam ihre Hand zu fassen, zog sie zu sich und versuchte, sie zu umarmen. M. drehte sich weg und stieß ihn zurück.

*

In der Wohnung seiner Eltern, in der Sofia und ihr Vater zu Gast waren, gab es kein modernes Badezimmer. Es gab lediglich eine Bodenwanne und das Wasser hierfür musste lange Zeit vorher erhitzt werden. Sofia war es von zu Hause gewohnt, sich beim täglichen Bad in der Wanne zu entspannen und so bot Andreas ihr mehrmals in der Woche an, sein Badezimmer zu benutzen.

Sofia nutzte diese Gelegenheiten, um bei Andreas aufzuräumen und ein gewisses Maß an Ordnung herbeizuführen. Sie gehörte zu den Menschen, die mit wenigen Handgriffen einen nüchternen Raum mit Wärme und Atmosphäre in eine behagliche Oase verzaubern konnten. Sofia brachte oft kleine Blumensträuße mit und verlieh ihnen eine Schönheit, wie nur sie imstande war, diesen Blumen Zauber zu entlocken. Da Sofia meistens nachmittags, während Andreas noch bei der Arbeit war, zu ihm nach Hause kam, legte sie ihm liebevoll eine Tafel ihrer oder seiner Lieblingsschokolade auf den Tisch.

Mit jedem Tag, der verging, wuchs seine Liebe zu Sofia, sein Verlangen und Begehren, ihren Duft zu atmen und diese Frau zu berühren.

Dann küssten sie sich zum ersten Mal, ohne dass es an jenem Abend vorausschaubar gewesen wäre. Sofia saß in seiner Wohnung vor dem Fernseher und sah irgendeinen Krimi an. Andreas kam aus dem Bad, seine Haare waren noch nass, und sie bot sich an, diese zu föhnen. „Komm setz dich", sagte Sofia. „Gib mir den Föhn und die Bürste, ich mache das gerne für dich." Andreas ließ sich ohne Gegenwehr von Sofia verwöhnen und genoss diese Momente der Nähe. Während Sofia ihm die Haare föhnte, verfolgte sie gleichzeitig die sich zuspitzende und an Spannung kaum zu übertreffende Handlung am Bildschirm. Die Verfolgungsjagd und das mögliche Entkommen des Ganoven versetzten Sofia in große Anspannung, die von Andreas vergnügt beobachtet wurde. Ohne darüber nachzudenken, erschreckte er Sofia so sehr, dass sie mit einem Schrei den Föhn fallen ließ.
„Bitte, tu es nie wieder!", flehte sie ihn verwirrt an. Andreas stand auf, sah ihr in die Augen und umarmte sie, wie man ein Kind umarmt, das gerade etwas Schreckliches gesehen oder geträumt hat.
„Tut mir leid "
„Ist schon gut, aber ich habe mich sehr erschreckt."
„Ich bin eben ein böser Mensch" flunkerte Andreas und lächelte Sofia an.
„Das kannst du nicht sein", sagte sie und schaute ihm tief in die Augen.
„Warum kann ich das nicht sein? Habe ich dich nicht gerade vom Gegenteil überzeugt?"
Sofia sah Andreas an, mit diesem Blick, der ihm ein Stück des Himmels offenbarte. Ihre Lippen kamen sich näher, bis sie sich trafen und mit dieser Begegnung in eine neue Dimension körperlichen Erlebens eintauchten. Mit diesem als Vollkommen erlebten Kuss schienen alle Erinnerungen an

bisherige Frauen vom Nichts aufgesogen zu werden und belanglos worden zu sein.

*

M. versuchte sich zu ändern, aber Liebe konnte sie für Andreas nicht empfinden. So sehr Andreas von M. verletzt und getäuscht worden war, rang sein Herz unermüdlich, M. die Lügen zu verzeihen. Er bemühte sich täglich, sie seine Liebe spüren zu lassen in der Hoffnung, tiefere Gefühle in ihr zu wecken. Andreas sprach von Verzeihen und Neubeginn. Als er dennoch niedergeschlagen und entkräftet erkennen musste, dass das Kämpfen um diese Liebe M. ihm nicht ein Stück näher gebracht hatte, schien für Andreas eine Rettung seiner Ehe nicht mehr möglich.

Andreas machte M. den Vorschlag, ihn eine zeitlang zu verlassen und wieder ins Dorf ihrer Eltern zurück zu kehren. Er hoffte, dass die räumliche Distanz M. dazu verhelfe, sich über ihren weiteren Lebensweg Klarheit zu verschaffen. Andreas bot M. an, wann immer sie sich für einen weiteren gemeinsamen Weg mit ihm entscheiden würde, sie umgehend wieder nach Deutschland zurückzuholen.

„Mein Vater bringt mich um" entgegnete M. seinem Vorschlag monoton und lackierte ohne aufzusehen ihre Fingernägel weiter.

„Aber so wie jetzt kann es ja nicht weiter gehen." Wieder begegnete Andreas tagelang einer Wand aus Schweigen, Desinteresse und Monotonie. Um einen Weg zu finden, dieser ihm unerträglichen Situationen entfliehen zu können, nahm er Kontakt zu einer in Düsseldorf lebenden Tante zweiten Grades auf, die M. und ihn hocherfreut zu Ostern bei sich einlud.

Zu Andreas großer Überraschung freute sich M. über diese willkommene Abwechslung. M. wirkte lebendig, ihr Gesicht schien eine andere Farbe zu bekommen und Andreas bemerkte, dass sie seit langer Zeit wieder versuchte zu lächeln. In dieser

Nacht kam M. zu Andreas ins Bett. Wann immer
Andreas in den vergangenen Wochen versucht
hatte, sich ihr zu nähern, war M. ihm unter
verschiedensten Vorwänden ausgewichen. In dieser
Nacht kam sie freiwillig.

*

Im ersten Augenblick befürchtete Andreas, dass
Sofia ihm den Kuss nicht verzeihen würde. Aber
Sofias Lächeln nahm ihm Angst und Zweifel. Ihre
Stimme und ihr Blick verrieten ihm, dass auch Sofia
ihm sehr zugeneigt war, aber Andreas hatte nie zu
hoffen gewagt, dass Sofia die tiefen Gefühle, die sie
für ihn empfand, auch offenbaren würde. Was im
Verborgenen heimlich glühte, loderte mit diesem
Kuss auf und entfachte in beiden ein Feuer, dass sie
ermutigte, sich ihre Liebe, die nicht sein durfte,
einzugestehen.
Sofia fragte Andreas, seit wann er sich seinen
Gefühlen ihr gegenüber bewusst war.
„Seit dem Tag auf dem Rummelplatz, nachdem wir
aus der Achterbahn gestiegen waren", antwortete
Andreas und betrachtete Sofia zärtlich. „Und wann
ist es dir bewusst geworden?"
„Kannst du dich an den zweiten Weihnachtsfeiertag
erinnern?", erwiderte Sofia.
„Ja."
„Du sagtest etwas, was mir deutlich zeigte, wie sehr
du mich liebst."
„Was habe ich gesagt?", fragte Andreas erstaunt.
„Weißt du es nicht mehr?"
„Nein, wirklich nicht."
„Du sagtest, ich sei dein zweites Ich."

*

Es war Karfreitag. M. hatte sich besonders hübsch
angezogen, um auf die Verwandten in Düsseldorf
einen gepflegten, positiven Eindruck zu machen. Sie
sah sehr hübsch aus. In den Tagen zuvor hatten sie

lange und intensive Gespräche geführt. Andreas konnte sich nicht zurück entsinnen, jemals zuvor so viel mit M. gesprochen zu haben. In seinem Herzen keimte die Hoffnung auf, das Scheitern seiner Ehe abwenden zu können und einen Neubeginn zu wagen.

Sofia und Andreas wurden in Düsseldorf von ihrer Tante und ihrem Onkel, die sich sichtlich freuten, sehr herzlich empfangen. Beide hatten M. seit vielen Jahren nicht gesehen. Ihre beiden Töchter begegneten M. überhaupt zum ersten Mal. Sie verbrachten drei unbeschwerte und fröhliche Tage miteinander, und dennoch waren es die entscheidenden Tage, die das unabwendbare Ende seiner Ehe einleiteten. Es war während der Mitternachtsmesse, als M. dem starken Drang, vor der Kirche eine Zigarette rauchen zu müssen, nicht mehr widerstehen konnte.

Da Andreas überzeugter Nichtraucher war, hatten sie diesbezüglich zu Hause öfters kleine Auseinandersetzungen. Er hatte M. schon viele Male gebeten, nicht überall volle Aschenbecher stehen zu lassen.

Um die Kirchenbank nicht alleine verlassen zu müssen und aufzufallen, bat M. während der Messeliturgie ihre älteste Cousine unter den Vorwand, dringend frische Luft zu benötigen, mit ihr vor die Kirche zu gehen.

Während Andreas der Messe beiwohnte, bat M. vor dem Kirchenportal ungeniert den erstbesten Mann um eine Zigarette.

Mit viel sagendem Blick antwortete der Mann: „Ich kann dir noch viel mehr geben, wenn du willst!"

Ohne zu zögern, gab M. ihm ihre Telefonnummer und beide Frauen kehrten wenig später in den Innenraum der Kirche zurück.

Dies alles erfuhr Andreas erst viel später von ihrem Onkel.

Am nächsten Tag fand im Hof der Verwandten ein Grillfest statt. Sie aßen und tranken Köstliches, erlebten fröhliche Stunden und Andreas, nichts vom Vorabend ahnend, behielt diesen Tag als einen der glücklichsten gemeinsamen Tage mit M. in Erinnerung.

In der Nacht, als er schon fast eingeschlafen war, kuschelte sie sich zu ihm und lockte ihn mit ihren Reizen, deren er sich binnen Sekunden widerstandslos ergab. Im wilden, sich leidenschaftlich rasch steigerndem Liebesspiel schrie M. lustvoll auf und beide gaben sich hemmungslos ihrem Begehren hin. Als Andreas in sie eindrang, schrie M., einem unmittelbaren Vulkanausbruch gleich, auf. Beide wurden mit Sicherheit im ganzen Haus gehört.

Aus diesem Hochgefühl wurde Andreas am nächsten Tag wieder in die Realität zurück versetzt, denn während der Heimfahrt verfiel M. in den altbekannten, gefürchteten Gemütszustand. Sie zeigte sich Andreas gegenüber wieder verstockt, verschlossen und unerreichbar.

*

Es war ein Samstagabend kurz vor zehn Uhr. Andreas rief Sofia an und fragte, ob sie Lust hätte, spontan etwas zu unternehmen.

„Jetzt noch so spät?"

„Ja, lass uns ins Autokino gehen."

„In Ordnung, in zehn Minuten warte ich vor der Tür auf dich."

Als Andreas wenig später mit dem Auto vor ihr hielt, trug Sofia die rosa Bluse, die er ihr zwei Tage zuvor geschenkt hatte.

„Gehen wir wirklich ins Autokino?" fragte Sofia.

„Wenn du das auch möchtest."

„Eigentlich habe ich keine große Lust dazu."

„Dann lass uns einfach spazieren fahren."

Das planlose Umherfahren verlor bereits nach wenigen Minuten seinen Reiz und Sofia meinte: „Das macht nicht wirklich Spass. Sollen wir zu dir fahren und uns gemeinsam den Hitchcock-Film im Spätprogramm anschauen? Der gefällt uns beiden bestimmt". In seiner Wohnung angekommen waren, bat sie Andreas um einen Cognac. Auch er schenkte sich ein Glas ein und schwenkte es genüsslich vor seiner Nase. Sie nippten an ihren Gläsern, nahmen sich, tiefe Blicke zuwerfend, in die Arme und sanken küssend aufs Sofa. Andreas spürte Erregung in sich aufsteigen und seine Hände glitten zärtlich über ihre Bürste. Sofia ließ es geschehen, genoss das Zusammenziehen der Brustwarzen und gab sich dem wohligen Erschaudern ihres Körpers hin. Knopf für Knopf öffnete Andreas ihre Bluse und zog sie ihr aus. Als er auch ihre Hose öffnen wollte, signalisierte Sofia mit ihrem Körper und Blick, dass sie zu diesem Schritt noch nicht bereit war. Andreas ließ seine Hände wieder über ihre Brüste gleiten und flüsterte Sofia beruhigend ins Ohr: „Komm, ich bringe dich jetzt nach Hause."

*

M. hatte in den sechs Monaten, in denen sie bereits in Deutschland lebte, mit Ausnahme einiger Schimpfwörter, fast kein Wort Deutsch gelernt. Sie zeigte auch weiterhin geringes Interesse, die deutsche Sprache zu erlernen und knüpfte nahezu keine Kontakte zu anderen Menschen. Eines Tages tauchte jedoch in ihrer gemeinsamen Wohnung Kathy, eine andere junge Griechin neben M. auf, die sie Andreas als neue Sprachlehrerin vorstellte. Andreas anfängliche Begeisterung verebbte in dem Moment, als er erfuhr, dass Kathy keine Sprachlehrerin sondern eine Hure war. Nicht nur einmal streifte Kathy professionell ihr Höschen vor seinen Augen runter, als M. in der Küche hantierte oder im Keller die Waschmaschine leerte. Als Kathy erkannte, dass Andreas ihren routiniert eingesetzt körperlichen Reizen widerstehen konnte, überschüttete sie ihn mit abfälligen Bemerkungen und abwertenden Blicken.

Andreas konnte die wachsende Freundschaft zwischen M. und Kathy nicht verhindern. Kathy wurde ihre einzige Freundin. Über die in Düsseldorf vor der Kirche erhaltene Telefonnummer stellte Kathy für M. den Kontakt zu dem Mann her, der ihr die Zigarette geschenkt hatte. Als der Mann von Kathy erfuhr, dass M. verheiratet war, ließ er ihr ausrichten, dass er kein weiteres Interesse an ihr habe.

Am anderen Ende der Leitung, in irgendeiner Düsseldorfer Kneipe, hatte sich bei diesen Anrufen stets der Barkeeper als erstes gemeldet. Der witterte schnell seine Chance, umgarnte M. geschickt mit schmeichelnden Worten und fuhr, nur wenige Tage später, heimlich vor, um sie abzuholen und mit ihr zu verschwinden.

*

Sie erlebten glückliche Tage. Jeder Tag, den Andreas mit Sofia verbrachte, war erfüllter und schöner als der vorherige. Wann immer sie es einrichten konnten, trafen sie sich nachmittags nach der Arbeit und Universität, um den Rest des Tages die Nähe des anderen spüren zu können. Den Leuten um sie herum entging die intensive Freundschaft zwischen Cousin und Cousine nicht und manche wunderten sich über das außerordentliche Engagement, das Andreas seiner Cousine entgegen brachte. Doch niemand erahnte, welch tiefe Zuneigung die beiden miteinander verband.

Dann kam die Nacht, in der Andreas und Sofia zum ersten Mal miteinander schliefen und ihre Körper eins wurden.

Sie waren abends zusammen im Kino gewesen und hatten sich einen dieser wunderbaren französischen

Filme, die in den siebziger Jahren gedreht wurden, angeschaut.

Nach Filmende kehrten sie müde und entspannt nach Hause zurück. Sie hatten kaum die Tür hinter sich geschlossen, als Sofia sich fest an Andreas klammerte. „Wie kann ein Mensch einen anderen nur so lieben, wie ich dich liebe", sagte sie zärtlich. Sie küssten sich leidenschaftlich und ihre Körper wurden von Wellen unendlichen Glücks durchströmt. Wieder bemerkte Andreas diese Scheu in ihrem Blick, die er schon einmal in ihrem Gesicht gesehen hatte, aber gleichzeitig erkannte er auch ihren bedingungslosen Willen, in dieser Nacht mit ihm zu verschmelzen. In den Stunden der puren Leidenschaft sprachen Andreas und Sofia nicht viel, aber ihre Körper schworen sich ewige Treue.

*

Andreas hatte umgehend die Polizei informiert, aber M. blieb seit drei Tagen spurlos verschwunden. Die Polizei versprach Andreas, ihn sofort zu informieren, wenn Hinweise über den Verbleib von M. eingingen oder sie an einem Grenzübergang erkannt werden sollte.

Für Andreas wurden die folgenden Tage zum Alptraum. Er telefonierte mehrere Male mit ihren Eltern in Griechenland und ihrer Tante in Düsseldorf. Jeder, der vom Verschwinden seiner Frau erfahren hatte, sprach Andreas an, aber niemand hatte M. seither gesehen. Andreas knöpfte sich auch Kathy vor, die tagelang schwieg und sich mit diesem Schweigen als Mitwissern verriet. Erst als er Kathy androhte, ihrer Familie anonyme Hinweise über ihre berufliche Karriere als Prostituierte zukommen zu lassen, erzählte sie Andreas von der Telefonnummer und Existenz des Barkeepers in Düsseldorf. Kathy berichtete vom täglich verführenden Werben und Drängen dieses Mannes und dem baldigen Erliegen seiner eigenen Frau. M. fühlte sich geschmeichelt, verliebte sich kurzerhand und beschloss in ihrer

Naivität, mit diesem Freier durchzubrennen, ohne ihn überhaupt ein einziges Mal gesehen zu haben.

Die Erzählung der Prostituierten zog Andreas den Boden unter den Füßen weg. Keine zwanzig Minuten später saß er in seinem Auto und raste Richtung Düsseldorf. Später hatte Andreas keine Erinnerung mehr daran, wie er nach Düsseldorf gefahren war und das Haus der Tante erreicht hatte. Mit verweinten, blutunterlaufenen Augen und aufgequollenem Gesicht stieg er zitternd aus dem Auto, um ihre fassungslose Tante zu begrüßen. Ihr Mann hatte Spätschicht. Die Tante sprach von einer großen Schande und berichtete, dass die ganze Familie rat- und fassungslos sei.

*

Es begann die Zeit, in der Sophia mehrmals in der Woche auch nachmittags Vorlesungen besuchte. An diesen Tagen holte Andreas sie oft von der Universität ab. Sie spazierten zum Stadtpark, setzten sich auf eine Bank und erzählten sich gegenseitig die Erlebnisse und Ereignisse des bisherigen Tages. Andreas himmelte diese Frau an. Wenn er etwas an Sofia kritisch beobachtete, war es die Tatsache, dass Sofia schnell mutlos werden konnte und sie immer Menschen in ihrer Nähe benötigte, die sie aufbauten und ihr Mut zusprachen. Es war Sofia außerordentlich wichtig, dass andere Menschen ihrem Handeln zustimmten. Und umgekehrt stimmte Sofia allem zu, was Andreas vorschlug. Andreas gestand sich ein, dass hin und wider eine konträre Meinung aus Sofias Mund manche Diskussion zwischen ihnen durchaus bereichert hätte.
„Früher war mein Vater für mich da. Heute hast du seinen Platz eingenommen."
„Möchtest du damit andeuten, dass ich der Ersatz für deinen Vater bin?"
„Nein, natürlich nicht!"
„Warum sagst du dann so etwas?"

„Du bist der Mann meines Lebens", erwiderte Sofia
rasch „Der Mann meines Lebens!"
Sie küssten sich und für Andreas verkörperte Sofia
in diesen Augenblicken sowohl das kleine Mädchen
als auch die reife Geliebte.
Während er Sofia küsste, tauchte, für Andreas nicht
erklärbar, M. in seinen Gedanken auf. Warum hatte
M. nicht so wie Sofia sein können? Wie
wunderschön hätte ihr gemeinsames Leben
verlaufen können! Schmerzhaft stieg die Gewissheit
in ihm hoch, dass er die falsche Frau geheiratet
hatte. M. hatte ihn nie verstanden und auch Andreas
konnte sich nur selten in ihrer Gedankenwelt wieder
finden. Und jetzt war Sofia in sein Leben getreten,
ausgerechnet Sofia, die seine Cousine war. Andreas
hatte noch nie im Leben so tiefe und innige Gefühle
für eine Frau empfunden.

*

Den Verwandten von M. in Düsseldorf stand die
Fassungslosigkeit in die Gesichter geschrieben.
Andreas erzählte ihnen, was er kurz zuvor von Kathy
berichtet bekommen hatte.Ihr Onkel war inzwischen
von der Spätschicht nach Hause gekommen. Er war
ein tiefgläubiger Mensch, der seine Tage meist in
sich gekehrt verbrachte, das Haus selten verließ und
kein großes Interesse dafür zeigte, was in seiner
Umgebung vor sich ging. Als der Onkel vom
Durchbrennen seiner Nichte mit einem fremden
Mann erfuhr, handelte er umgehend derart
energisch, wie ihn die Tante in den vielen
gemeinsamen Jahren niemals erlebt hatte. Er
telefonierte aufgebracht eine Stunde umher, rief
seinem Gegenüber am anderen Ende der Leitung
Unverständliches in den Hörer und kurz darauf
versammelten sich zehn Männer, alles Bekannte, im
Haus ihrer Tante und ihres Onkels. Die Männer
wurden informiert und drei der Anwesenden kannten
sowohl die betreffende Kneipe als auch den dort

arbeitenden Barkeeper. Der Fünfunddreißigjährige war als Schläger und Zuhälter bekannt.

Andreas, der sich bisher recht schweigsam verhalten hatte, überkam eine spontane Idee. Ohne weiter zu überlegen, nahm er den Telefonhörer zur Hand und rief in der Kneipe an. Durch die geschickt eingeleitete Gesprächsführung entlockte Andreas dem Barkeeper die Info, dass dieser einen Opel-Taunus fuhr. Kurzerhand erfand Andreas die Geschichte, dass der Barkeeper heute sein Auto gestreift und leicht beschädigt habe.
„Hören Sie, das ist unmöglich! Ich hätte das Streifen eines anderen Autos während des Fahrens bemerkt!"
„Sind Sie nicht der Besitzer des roten Opel-Taunus?"
„Doch, aber ich habe kein anderes Fahrzeug gestreift!", schrie der Barkeeper erregt in den Hörer. Andreas versuchte, durch die Stimme am anderen Ende etwas über diesen Mann zu erfahren und ihn sich vorzustellen. Er wollte sich ein Bild des Mannes vor Augen halten, dem M. verfallen war.
Andreas antwortete, von sich selbst überrascht, ruhig und klar: „Ich habe Zeugen. Ich werde Sie in einer halben Stunde in der Kneipe aufsuchen."
Zufrieden legte Andreas den Hörer auf.

Als er sich eine halbe Stunde später an einen Tisch in der Kneipe setzte, konnte er keinen Mann ausmachen, auf den die detaillierte Beschreibung, die ihm die Bekannten des Onkels gegeben hatten, nur annähernd zutraf. Andreas erhielt die Auskunft, dass der Barkeeper heute zwar kurz die Kneipe besucht habe, aber nur aushilfsweise hier arbeitete und daher schnell wieder verschwunden sei. Intuitiv konnte Andreas dieser Aussage wenig Vertrauen schenken. Er musste frustriert erkennen, dass der Barkeeper ihn gegebenenfalls in diesem Moment höhnisch beobachten konnte, ohne dagegen selbst erkannt zu werden oder vielleicht tatsächlich diesen

Raum bereits verlassen hatte. Die Gelegenheit,
seinem Widersacher direkt gegenüber zu stehen,

*

Als Andreas Sofia an diesem Tag abholte, erlebte er
sie zum ersten Mal missgelaunt und gereizt.
„Ich habe Kopfschmerzen", klagte Sofia.
„Dann habe ich auch Kopfschmerzen!" entgegnete er
scherzhaft.
„Mach dich nicht über mich lustig!"
„Ich mache mich nicht über dich lustig. Ich freue
mich einfach, dass wir Zeit füreinander haben."
„Ach, Andreas!" rief sie, ihm tief in die Augen
blickend.
Sie überquerten gerade die Mitte der Straße, als
Andreas sie leidenschaftlich an sich zog, sie küsste
und beide den um sie herum tosenden
Straßenverkehr nicht mehr wahrnahmen.
„Die Leute!"
„Sie interessieren mich nicht."
„Was werden sie von uns denken?"
„Liebst du mich?" fragte Andreas sie unbeirrt.
„Mehr als mein Leben!"
„Dann brauchst du vor nichts und niemandem Angst
zu haben."
Andreas und Sofia erreichten eine Unterführung, an
deren Treppen ein Schild mit der Aufschrift „Eltern
haften für ihre Kinder" angebracht war.
Wie ein kleines Mädchen nahm er Sofia unvermittelt
und übermütig hoch, trug sie geschickt die Stufen
hinunter und ließ sie ausgelassen wieder auf den
Boden.
„Andreas!" rief sie vor Überraschung und trommelte
mit ihren Fäusten sanft gegen seine Brust.
„Ich liebe dich, Sofia."
Hemmungslos und ohne Scheu voreinander liebten
sie sich in dieser Nacht. Ihre Körper suchten sich
voller Begehren, ließen sich auf den Wogen der sich
steigernden Lust tragen und verschlangen sich
ineinander, um zu einem einzig pulsierenden Leib zu

verschmelzen. In diesen Stunden erlebten Andreas und Sofia den Gleichklang ihrer Körper und Seelen.

*

So sehr sich Andreas auch gegen die immer wiederkehrenden inneren Bilder wehrte, hatte sich dennoch die Erinnerung an seine Hochzeitsnacht mit M. wie ein schmerzhaft wucherndes Geschwür in sein Gedächtnis eingenistet. Als stiller, aber ständig drohender Feind lauerte diese Erinnerung von Betrug und Unwahrheit seit der ersten gemeinsamen Nacht tief in seiner Seele, um ihm bei jeder sich bietenden Gelegenheit innere Qualen zu bereiten.

Am späten Abend verließen Andreas und M. die ihnen fröhlich hinterher winkende Hochzeitsgesellschaft, um endlich ihre sehnsüchtig erwartete zehntägige Hochzeitsreise durch Griechenland beginnen zu können. Sie hielten zunächst in einer Stadt nahe Patras und mieteten sich in einem kleinen Hotel ein. In großer Vorfreude und neugieriger Erwartung schlossen beide das kleine, gemütliche Zimmer auf. Umgehend schlug M. die Bettdecken zurück, um ein Leinentuch, das sie mitgebracht hatte, über die Bettlaken des Doppelbettes zu legen.
Andreas war mit diesem alten griechische Brauch vertraut: Der Bräutigam zeigte der Familie nach der Hochzeitsnacht ein durch die Entjungferung mit Blutspuren gezeichnetes Laken, um damit zu demonstrieren, dass die Braut als Jungfrau in die Ehe gegangen war.
„Das ist doch nicht dein Ernst?" fragte er erstaunt und schaute M. ungläubig beim Straffziehen des Lakens an. Sie war noch keine siebzehn Jahre alt, fast noch ein Kind.
„Meine Eltern legen sehr großen Wert darauf!" erwiderte M. überzeugt.
Andreas, mit fünfundzwanzig Jahren deutlich älter als M., lächelte über seine junge Frau, nahm sie

leidenschaftlich in die Arme und legte sich mit ihr erwartungsvoll auf das große Bett. M. hatte unbemerkt eine Rasierklinge neben das Bett gelegt, um in der sich steigernden Lust den Augenblick zu erwischen, mit Hilfe der Klinge einen winzigen blutenden Schnitt in den Oberschenkel ritzen und damit die Entjungferung vortäuschen zu können. Als Andreas für einen kurzen Moment die Rasierklinge in ihrer Hand bemerkte, richtete er sich erschreckt und zugleich fassungslos im Bett auf. M. begann, einem Kind gleich, zu weinen und erzählte Andreas stockend die Wahrheit.

Mit dem falschen Blut auf dem Laken sollte sowohl der Bräutigam als auch die gesamte Verwandtschaft getäuscht werden, denn M. war, wie Andreas jetzt erfahren musste, seit ihrem dreizehnten Lebensjahr keine Jungfrau mehr.

Mit dreizehn Jahren hatte Petrokas, der Ortspolizist, sie hinter der Manolis Kirche erwischt, als sie gerade dabei war, sich aus Zigarettenresten einen brauchbaren Glimmstängel zu drehen. Petrokas amüsierte sich über das Mühen des Mädchens und bot ihr eine Zigarette an. M. nahm die Zigarette, eine echte Marlboro, die sie bisher nur aus der Werbung kannte, verunsichert an. Von diesem Zeitpunkt an traf sich der Ortspolizist öfters mit M. hinter der Kirche, um gemeinsam mit M. eine original amerikanische Marlboro zu rauchen und das Vertrauen des Mädchens zu gewinnen.

Petrokas war vierundzwanzig Jahre alt und bis zu seiner Hochzeit im vergangenen Jahr einer der begehrtesten Junggesellen des Dorfes gewesen. Die Leute im Dorf fragten sich, warum er ausgerechnet die Ehe mit Frosso eingegangen war, die weder mit Schönheit noch mit Reichtum beschenkt worden war. Als unmittelbar nach der Hochzeit bekannt wurde, dass Frossos Onkel Argiris aus Athen zum Polizeiobermeister der Provinz ernannt worden war, wurde manchem im Ort klar, dass Petrokas sich über die neuen Familienbande ausschließlich berufliche Vorteile erhoffte.

Die Ehe mit Frosso hinderte ihn nicht daran, weiterhin nach attraktiven jungen Mädchen und Frauen des Ortes und der Umgebung Ausschau zu halten.

Die gerade erblühenden und knospenden Reize des sich zur jungen Frau verwandelnden Mädchens entgingen Petrokas gierigen Blicken nicht, und schon bald weckte er gekonnt und verführend die ersten sexuellen Phantasien und Sehnsüchte des Mädchens. An einem lauen Juniabend verführte er M. in einer Waldlichtung.

Erstarrt hörte Andreas zu, welches Geheimnis M. ihm in der Hochzeitsnachtsnacht offenbarte. Sie wollten unbeschwerte Tage erleben, doch das Wissen saß wie ein Stachel in Andreas Seele. Als sie am nächsten Tag auf der Peloponnes eine Hochebene erreichten, die weiter nach Olympia führte, hielt Andreas abrupt das Auto an. Er stieg aus, öffnete zielstrebig den Kofferraum, nahm das Bettlaken, das falsche Zeugnis ihrer Keuschheit, und schleuderte es, bevor M. überhaupt reagieren konnte, eine Klippe hinunter.
„Was machst du?" schrie M. ihn an.
„Ich habe das getan, was gemacht werden musste!", entgegnete Andreas kühl.
„Das Bettlaken war für die Feier im Dorf bestimmt! Du hast es einfach weggeworfen!"
Im Dorf war es Brauch, dass die Braut nach der Hochzeitsreise das Bettlaken der Mutter aushändigte, von der es begutachtet und wiederum an den Popen weitergereicht wurde. Das Laken wurde traditionsgemäß am folgenden Sonntag auf dem Dorfplatz aufgehängt, um von den Jünglingen des Dorfes mit ihren Gewehren beschossen zu werden und die Braut damit endgültig in den Status einer Ehefrau zu heben.

*

Der Aprilabend war regnerisch. Sofia und Andreas verließen das Kabarett, das sie besucht hatten und eilten schnell zum Auto, um nicht vollkommen durchnässt zu werden, da keiner von beiden an einen Schirm gedacht hatte. Sofia küsste ihn und bedankte sich für die Einladung und den schönen Abend.

„Liebst du mich?" fragte sie überraschend.

„Warum fragst du?"

„Weil ich dich so sehr liebe, Andreas!"

„Ja, mein Engel, ich liebe dich mehr als alles auf dieser Welt", erwiderte er glücklich. „Ich möchte dich so wie du bist. Ich möchte immer mit dir zusammen bleiben, ein Leben lang."

„Ich bin bei dir."

„Sofia, ich möchte, dass du meine Frau wirst. Ich möchte dich als meine vor Gott und dem Gesetz angetraute Ehefrau."

Sofia ließ ihren Tränen freien Lauf.

„Das wäre wunderschön."

„Sofia, wir werden das schaffen. Es muss eine Möglichkeit geben und diesen Weg werden wir finden."

An diesem Abend, es war der vierzehnte April, an den sie sich immer zurück erinnern wollten, schmiedeten die beiden Pläne für ein gemeinsames Leben. Andreas und Sofia träumten vom Einrichten ihres Hauses und von drei oder vier gemeinsamen Kindern. In ihrem Glück bemerkten sie nicht, wie die Stunden vergingen. Die Nacht hatte den Abend längst verdrängt.

Sie küssten sich innig, nahmen sich beide einen selbst formulierten Eid ab und fühlten sich von dieser Stunde an vor Gott als Frau und Mann verbunden. Jetzt fand Andreas zum ersten Mal den Mut, Sofia von M. zu erzählen. Er hatte noch nie zuvor mit ihr über seine erste Ehefrau gesprochen. Sofia hatte einiges über die gescheiterte Ehe gehört, aber sie wollte Andreas nicht bedrängen und ihm den Zeitpunkt überlassen, wann er bereit war, über diese bittere Erfahrung zu sprechen.

Sie hielten sich in den Armen und Andreas verstummte Beide lauschten in die Stille der Nacht hinein.

Leise begann Sofia von vergänglicher Liebe zu erzählen. Auch sie hatte in Griechenland einige Zeit einen Freund gehabt.

„Es war eine Freundschaft, eigentlich keine Liebe. Wir haben uns nur wenige Male flüchtig geküsst." Sofia begann leise zu weinen.

„Weine nicht, unsere Liebe kann uns niemand mehr nehmen."

Sofia berichtete von ihren Eltern, die diese Verbindung zwischen Cousin und Cousine weder dulden noch zulassen würden. Auf ihre Frage, wie seine Eltern vermutlich reagieren würden, zuckte Andreas lediglich die Schultern und meinte, dass sie ihnen sicherlich keine Steine in den Weg legen würden. Andreas und Sofia waren sich im Klaren darüber, dass ihre Liebesbeziehung von niemandem wirklich akzeptiert und gern gesehen würde.

*

Eine Woche, nachdem M. verschwunden war, kam ein Onkel ihrerseits aus Griechenland nach Düsseldorf gereist. Für Andreas setzten sich allmählich die einzelnen Puzzleteile zu einem klaren Bild zusammen Er hatte erfahren, dass sich der Zuhälter in einer kleinen Wohnung nahe der Düsseldorfer Altstadt aufhielt.

M. erfuhr über ihre Cousine von der Ankunft ihres griechischen Onkels. Die Cousine ließ M. ausrichten, dass sie am kommenden Tag um fünfzehn Uhr in der Wohnung ihrer Tante erwartet werde. Aus großem Respekt vor ihrem Onkel fuhr M. am nächsten Tag tatsächlich mit einem Taxi vor dem Haus der Tante vor. Geschminkt wie eine billige

Straßenhure und voll gepumpt mit Tabletten oder sonstigen Drogen, klingelte sie an der Haustür ihrer Tante.

Als Andreas eine halbe Stunde später ebenfalls ankam, erfuhr er, dass M. wenige Minuten zuvor ihre jüngere Cousine mit einem Messer angegriffen hatte, da sie sich von dieser verraten fühlte.

Ihr Onkel berichtete aufgebracht, dass M. nach der Attacke auf ihre Cousine zusammen gebrochen war und in ein Bett gelegt werden musste.

Andreas spürte nur einen Wunsch: er musste mit M. sprechen. Verstört kam die Tante aus dem Zimmer und gab Andreas zu verstehen, dass M. ihn nicht sehen wolle. Andreas ignorierte die Worte und schob sich an der Tante vorbei in das kleine Zimmer. Dort fand er M. blass im Bett sitzend.

„Wie geht es Dir?" fragte Andreas ruhig.

Eisiges Schweigen durchdrang den Raum. Sie schaute ihn nicht an.

„Glaubst du nicht, dass du mir einiges erklären solltest?"

M. gab ihm keine Antwort.

Er versuchte Worte zu finden: „Kommst du mit mir nach Hause?"

Es folgte ein krächzendes „Nein!". Es war das letzte Wort, welches er vor ihr hörte.

*

Die glücklichen Tage von Andreas und Sofia fanden ein jähes Ende.

Sofia hatte eine Freundin, mit der sie seit ihrem sechsten Lebensjahr eng befreundet war. Philippi äußerte sich in ihren letzten Briefen besorgt und fragte immer wieder nach, ob wirklich alles in Ordnung sei. Sofia schien ihr sehr verändert und fremd geworden zu sein, was Philippi sehr verunsicherte.

Rückblickend vermutete Andreas, dass die Freundin Sofias Eltern gegenüber Andeutungen oder Befürchtungen ausgesprochen haben musste, denn fast zur gleichen Zeit tauchte plötzlich ohne Vorankündigung eine Freundin von Sofias Mutter, die in der Nähe von Hannover wohnte, bei Sofia auf. Sie gab vor, nach vielen Jahren endlich wieder einmal die Tochter ihrer besten Freundin sehen zu wollen. In Wirklichkeit war sie wohl von Sofias Mutter geschickt worden.

Um den schockierenden Vorkommnissen etwas entgegen zu setzen, verlangten Sofias Eltern die sofortige Rückkehr nach Griechenland. Auch Andreas Eltern waren fassungslos.

Sofia musste Deutschland von einem Tag auf den anderen verlassen. Sie flog am fünften Mai nach Athen zurück. Wie eine Ironie des Schicksals, hatte ein Jahr zuvor am selben Tag auch M. Andreas verlassen.

Am Boden zerstört begleitete Andreas seine große Liebe zum Flughafen. Sie klammerten sich verzweifelt aneinander und schworen sich in der Abschiedsstunde ewige Treue. Sie waren fest entschlossen, sich von niemandem trennen zu lassen.

„Wir beide sind für einander bestimmt", schluchzte Sofia und küsste Andreas ein letztes Mal.

„Wir sehen uns sehr bald wieder!", versprach Andreas und blickte Sofia hoffnungsvoll in die Augen.

Als Sofia die Handgepäckkontrolle passierte und hinter der Schiebetür Richtung Gate fünf verschwand, rannen Andreas Tränen die Wangen hinunter und sein Herz schien vor Kummer zu zerspringen

„Wir sehen uns bald wieder, Sofia! Schon sehr bald!"

Teil 2

Andreas litt. In seinen Tagträumen wünschte er sich kindlich, der Schöpfer selbst zu sein, um auf die Geschicke seines eigenen Lebens besser Einfluss nehmen zu können. Er schloss sich tagelang in seine Wohnung ein und isolierte sich vollkommen von der Außenwelt. Seine Gedanken kreisten einzig und allein um Sofia und ihre, von niemandem verstandene und akzeptierte Liebe. Ununterbrochen marterte Andreas sein Gehirn mit der Suche nach Möglichkeiten, die Sofia wieder zu ihm bringen konnten.

*

Im Hotelzimmer war vom Verkehrslärm der Stadt kaum etwas zu hören. Als Andreas die Schiebetür zum kleinen Balkon öffnete, vernahm er das Hupen und Lärmen der Fahrzeuge wie aus weiter Ferne. Die Wasserflasche in seiner Hand begleitete ihn wie eine Freundin durch die brütende Hitze dieses Tages. Seit nahezu drei Stunden stand oder saß Andreas an dieser Stelle und blickte gedankenverloren in die Ferne Richtung Norden. Dort irgendwo musste Sofia sein. Was gäbe er dafür, sie nur für einige Augenblicke aus der Ferne betrachten und sich an ihrem bezaubernden Anblick erfreuen zu dürfen. Seine Lippen dürsteten nach ihrem Mund, seine Arme suchten ihren Leib und sein Körper vermisste ihre Leidenschaft. Die Sehnsucht nach Sofia verzehrte seine Seele und beraubte ihn seiner Lebenskraft. Andreas fühlte sich unsagbar müde und leer. Sein Leben schien jeglichen Sinn verloren zu haben und in den vergangenen Tagen trug er Suizidgedanken mit sich herum.
Es war Andreas im Leben oft gelungen, anderen Menschen in tiefen Lebenskrisen beizustehen und Mut zuzusprechen. Aus der eigenen Melancholie dagegen konnte sich Andreas nicht selbst befreien.

Er lebte ausschließlich in den Erinnerungen der vergangenen Monate. Stimmen tauchten im dunklen Raum auf, umgaben ihn und flüsterten ihm zu. Sie sprachen von Zufall, Schicksal und Bestimmung. Andreas fühlte sich dem Wahnsinn nahe.

Was flog dort oben gerade am Himmel? War das eine Möwe? War es ein anderer Vogel, der sich anmaßte, wie eine Möwe zu fliegen? Halluzination, Wahnsinn oder Irrsinn?
„Einfach träumen, nur träumen! Abtauchen aus dem Schmerz der Gegenwart" dachte Andreas dumpf. Das kleine Zimmer um ihn herum versank.

Andreas fand sich auf einer schmiedeeisernen Bank mitten im Central Park in New York wieder. In keiner anderen Stadt dieser Erde prallten Reichtum und Armut so unmittelbar aufeinander.
Leonard Cohen spielte neben ihm auf seiner Gitarre und sang ein wunderschönes, melancholisches Lied. Als Leonard das Lied zu Ende gespielt hatte, sammelte er dankend die Geldmünzen, die ihm die Zuhörer zugeworfen hatten, ein und verließ den Park. Andreas stand auf, folgte ihm unauffällig und sah, wie Leonard in einer den viktorianischen Baustil repräsentierenden Villa verschwand. Andreas stieg ebenfalls die Stufen der Villa empor, öffnete die schwere Tür und stand inmitten eines hohen, nahezu unmöblierten Raumes, in dessen Mitte ein riesiges barockes Bett platziert war. Auch die angrenzenden Zimmer schienen unmöbliert. Vor jeder Tür posierten aufreizend gekleidete Prostituierte, die ihm auffordernde und lockende Blicke zuwarfen. Beim Anblick der in erotische Dessous gehüllten Frauenkörper spürte Andreas glühend sich seine Männlichkeit aufrichten. Außer der Villa und diesen wunderschönen, feurigen Frauen existierte nichts mehr auf dieser Welt. Er spürte den männlichen Drang, von jeder dieser Hure genommen zu werden.

In seiner Erregtheit bemerkte er aus dem Augenwinkel heraus, wie sich eine Frauengestalt aus einem weiter entfernten Flur langsam auf ihn zu bewegte.

„Amüsiertest du dich?", fragte die Frau mit betörender Stimme.

„Ich fühle mich wohl", antwortete Andreas.

„Dann lass dich bei der Auswahl nicht stören. Du wirst die Richtige für dich finden."

Als die Frauengestalt noch näher an ihn heran trat, erkannte er Sofia.

Während Andreas noch darum rang, passende Worte zu finden, fand er sich im Central Park wieder.

„Suchst du mich?", hörte er Sofia fragen.

„Wo bist du, Sofia?"

„Siehst du mich denn nicht?"

In diesem Moment bemerkte Andreas, dass er auf die Größe eines Zwerges zusammen geschrumpft war und als er vom Boden aus nach oben blickte, stand Sofia in Riesengestalt direkt vor ihm und bedeckte ihn mit ihrem Schatten.

*

Als er sich seine Augen rieb, lag Andreas auf dem Bett im kleinen Hotelzimmer. Durch die offene Balkontür drang das hektische Hupkonzert der Straße zu ihm durch. Andreas stand auf und ging blinzelnd auf den Balkon hinaus. Er blickte zum klaren Abendhimmel und sah wieder eine Möwe in ruhigem Flug dahin gleiten.

Besonders in den Stunden der Dämmerung, wenn ein langer Tag sich von ihm verabschiedete, verfiel Andreas in diese unerträgliche Melancholie. Wieder kreisten seine Gedanken nur um Sofia. Mit Tränen in den Augen betrachtete er ihre Photographien und in seinen Erinnerungen stiegen die unzähligen kleinen Alltäglichkeiten auf, die das Zusammensein mit ihr so einzigartig und unvergesslich machten.

Ihr zuliebe hatte er sich eines Tages seinen sehr geliebten Oberlippenwart abrasiert.

„Du siehst einfach süß aus!", rief Sofia ihm damals zu.

In seiner Gedankenwelt erhob sich Sofia zur heiligen Bestimmung und Andreas begann, sie wie eine heilige Ikone anzubeten.
Wenn er etwas in seinem bisherigen Leben hätte rückgängig machen können, wäre es die gemeinsame Fahrt zum Flughafen gewesen. Er war sich jetzt darüber im Klaren, dass er Sofia niemals hätte gehen lassen dürfen. Er hätte bereit sein müssen, der gesamten Verwandtschaft die Stirn zu bieten und den Kampf anzusagen. Stattdessen hatte er sich am Flughafen von Sofia verabschiedet. Andreas konnte sich das nicht verzeihen.

In seiner Kindheit waren Andreas Eltern stets bemüht, ihrem Sohn die moralischen Begriffe von „gut" und „böse" über eigenes Handeln glaubwürdig zu vermitteln. Sie lehrten ihn, sich so zu verhalten, dass sein Tun und Handeln von anderen Leuten stets als „gut" beurteilt wurde. Im Laufe der Lebensjahre hatte Andreas diese Konformität, sich unbewusst die Verhaltensweisen, Haltungen, Einstellungen und Meinungen der Menschen seiner Umgebung anzueignen, abgelegt. Es gelang ihm in diesen Wochen kaum, zwischen „gut" und „böse" zu unterscheiden, alles hatte eine andere Dimension erhalten.
Andreas weinte im Hotelzimmer, während draußen am Himmel die ersten Sterne sichtbar wurden und die Nacht anbrach.

Sofia und Andreas hatten sich an einem Tag im vergangenen April ihr Eheversprechen gegeben, und um sich an einer Perspektive im Leben aufrichten zu können, beschloss er in diesem Moment, im kommenden April einen Erinnerungsstein für Sofia anfertigen zu lassen.

Andreas erinnerte sich an ihre Zähigkeit und Willenskraft. Eines Tages hatten sie sich vorgenommen, eine Wanderung zu unternehmen. „Lass uns losziehen und Energie tanken", sagte Sofia fröhlich. Sie suchte immer wieder die Gelegenheiten, um an ihre körperlichen Grenzen zu stoßen. An einem anderen Abend scheuchte Sofia ihn, um einen Musikfilm im Fernsehen nicht zu verpassen, so wild durch die Einkaufpassage, dass ihm die Knie zu zittern begannen und er nicht mehr geradlinig laufen konnte.

Was Andreas im Nachhinein zum Schmunzeln brachte, war die Tatsache, dass Sofia, endlich zuhause angekommen, vom Film überhaupt nichts mitbekam. Zunächst hatte sie sich einen Kaffee gekocht, sich gemütlich zu ihm auf das Sofa gesetzt und ihn schließlich leidenschaftlich mit unzähligen Küssen bedeckt.

Gott war sein Zeuge. Andreas hatte Sofia niemals zu etwas gezwungen.

Sie war eine so wunderbare Frau, dass jeder Mann sich in sie hätte verlieben können.

Andreas hatte Sofia oft versprochen, diese einzigartige Liebensgeschichte niemals aufzuschreiben. Sie trugen diese Geschichte allein in ihren Herzen. Diese tiefe Liebe sollte einzig und allein das zauberhafte Geheimnis zwischen Sofia und Andreas bleiben, für keinen Dritten erkennbar oder sichtbar werden.

In diesen Tagen aber war das Aufschreiben und Festhalten jeder noch so kleinen und unscheinbaren Erinnerung der verzweifelte Versuch von Andreas, Sofia in Gedanken und Worte bei sich zu halten. Müde und traurig schloss Andreas seine Augen. Er betete zu Gott, bat um Vergebung seiner Sünden und bat um die Gnade, Sofia wieder in seinen Armen halten zu dürfen.

*

Es waren fast drei Monate seit dem Tag vergangen, als M. ihn verlassen hatte.
Andreas hatte sich in diesen drei Monaten sehr verändert. Er musste lernen, sich aus eigenen Kräften aus dem Selbstmitleid und der Selbstaufgabe herauszuziehen.
Andreas hatte, so sehr es auch schmerzte, begriffen, dass M. nicht die richtige Frau für ihn gewesen war und er sie niemals hätte heiraten dürfen. Die Liebe oder das was er für Liebe hielt hatte auch ihn blind gemacht.
In dieser Zeit der bitteren Erkenntnis ließ Andreas niemanden an sich heran kommen. Die Einsamkeit wurde seine Freundin.
Sofia war in dieser Zeit noch weit weg, sie sollte erst sechs Monate später in sein Leben treten.

*

Es folgten Wochen der Leere und Sinnlosigkeit, in denen Andreas ausschließlich dem Alkohol zugewandt war.
Er traf sich mit Sabine, einer Frau, die er von früher kannte und die fünfzehn Kilometer entfernt in einer kleinen Stadt wohnte.
Andreas hatte am Abend zuvor so viel getrunken, dass er sein Auto im Parkhaus hatte stehen lassen und mit einem Taxi nach Hause gefahren war. Als er am Morgen ausgenüchtert sein Auto holen wollte, war er Sabine zufällig vor dem Parkhaus begegnet.
„Trinken wir zusammen einen Kaffee?", fragte er sie.
Sabine hatte keine Zeit, versprach aber, ihn anzurufen.
Am nächsten Tag klingelte tatsächlich sein Telefon.
Sie verabredeten sich für den kommenden Sonntag.
Am Abend sahen sich Andreas und Sabine im Kino einen alten Film mit Charles Bronson an.
Anschließend lud er Sabine unter dem Vorwand, ihr eine Musikkassette von Kris Kristofferson ausleihen zu wollen, zu sich nach Hause ein.

Wenig später lagen beide zusammen im Bett. Am nächsten Tag rief Sabine überschwänglich an und bedankte sich für eine unvergessliche Nacht. Andreas bereute schon jetzt. Zwei Tage später schrieb sie Andreas einen langen Brief, den er ungeöffnet in den Papierkorb warf. Sabine rief ihn noch oft an, aber Andreas fand immer einen Vorwand oder eine neue Ausrede, sich nicht mit ihr treffen zu müssen. Schließlich blieb das Telefon stumm.

Andreas tiefer Absturz folgte jedoch nach Sabine. Das sechsstöckige Haus mit den grünen Fensterläden stand nahe am Waldrand. Graue Fassade, brauner Kamin auf dem Dach. Der Fahrstuhl war wieder einmal defekt und im Treppenhaus roch es nach Kot. Als Andreas die Treppen hoch lief, sprangen zwei Katzen, die sich um Fischreste stritten, an ihm vorbei. Im zweiten Stock war wohl ein Mensch in seiner Wohnung verstorben, denn der Leichenwagen fuhr vor. In einer Ecke im Treppenhaus kauerten zwei Männer, die sich gegenseitig befriedigten. Irgendwo im Haus hörte er kleine Kinder weinen. War das ein Schuss gewesen oder knallte dort oben gerade jemand die Tür zu? Ein kleiner, rundlicher Mann quälte sich die Treppen hinauf. In seiner Wohnung angekommen, urinierte er in einen Glasbehälter, den er zurück ins Wohnzimmerregal stellte.
Wenn ihn sein Weg an diesem Haus vorbei führte, schaute er zur grauen Fassade und dachte bedrückt an die Menschen, die hinter diesen Fensterfluten ihr Leben verbrachten.

Die zweite Frau, mit der Andreas nach dem Verschwinden von M. schlief, war weder schön noch intelligent. Er hatte sie hier vor dem schäbigen Haus getroffen. Sie war einfach zur richtigen Zeit am richtigen Ort. Sie stattete ihm montags und mittwochs professionelle Damenbesuche ab und blieb exakt neunzig Minuten. Mit ihr tauchte er in eine Welt der Sexualität und Begierde ein, die Andreas in billigen Vorstadtkinos gesehen oder in schäbigen Romanen gelesen hatte.

Als sie sich an einem Montag oder Mittwoch, Andreas erinnerte sich nicht mehr genau, gerade im Bad für ihre Arbeit vorbereitete, läutete es bei Andreas an der Tür.

In der Tür stand Erich, der spontan auf ein Bier vorbei schauen wollte. Andreas bat seinen Freund etwas irritiert herein, hatte aber gleich die zündende Idee, für die Erich sich noch heute dankbar zeigt. Andreas bat Erich, sich zu setzen und kurz im Wohnzimmer zu warten. Er schloss die Tür des Wohnzimmers und eilte zu Cordula.

Cordula wirkte missgestimmt, denn Störungen im professionellen Ablauf mochte sie überhaupt nicht. Sie fragte nach, was los sei und Andreas bat sie, ihm einen Gefallen zu tun. Ohne eigentlich darüber nachzudenken, erzählte er Cordula die nicht wahre und dumm erfundene Geschichte, dass griechisch-orthodoxe Landsleute die Frauen, die ihnen wichtig sind, einmal mit dem besten Freund teilen.

Cordula empörte sich anfangs, willigte aber alsbald ein, da der Preis für ihre Arbeit ausgehandelt und bereits bezahlt war.

Andreas erklärte Cordula, dass Erich noch nie mit einer Frau geschlafen habe und er ganz ihrer Erfahrung und ihrem Können vertraue. Cordula lächelte ihm wissend und lockend zu.

Nun war es an der Zeit, Erich von seinem Glück zu überzeugen und das gestaltete sich deutlich schwieriger als erwartet.

„Du glaubst doch nicht, dass ich jede nehme! Was denkst du von mir?"

„Cordula ist nicht wie du denkst", erwiderte Andreas ruhig. „Sie ist eine sehr liebe und einfühlsame Frau." Um seinem Freund die Hinwendung zu Cordula zu erleichtern, gab Andreas vor, sich noch in der Trauerphase um M. zu befinden.

„Wo ist sie?"
„Cordula wartet im Schlafzimmer. Du brauchst nur hinein zu gehen, alles andere kannst du ihr überlassen. Sie wird sehr zärtlich zu dir sein."
Als er in der Diele stand, um sich die Jacke anzuziehen, sagte Andreas: „Ich habe noch einen wichtigen Termin. Wenn ihr fertig seid, wirf einfach die Tür hinter dir zu."
Erich wurde an diesem Abend zum Mann.

Kurz darauf meldete sich Cordula aufgelöst am Telefon und rief in den Hörer, dass sie sich unbedingt mit Andreas treffen müsse. Sie verabredeten sich vor einem großen Kaufhaus. Cordula trug ein elegantes Kostüm und eine perfekt sitzende Baskenmütze. Bildhübsch stand sie vor der Eingangstür und zog die Blicke der Männer auf sich. Cordula strahlte Andreas an.
„Ich bin schwanger", teilte sie ihm ohne Umschweife mit. „Es ist dein Kind."
Cordula interpretierte seine Verblüffung und sein Schweigen als Freude. Andreas selbst spürte in diesem Moment nichts.
Am nächsten Morgen klingelte das Telefon bereits in aller Frühe. Andreas nahm den Hörer verschlafen ab. Es war Cordula. Sie berichtete, dass in der Nacht die Periode eingesetzt habe und sie demnach kein Kind erwarte.
Danach telefonierten sie einige Wochen später nur noch ein einziges Mal miteinander.
Cordula erzählte ihm, dass sie sich in den Sohn des Apothekers, der die Barockapotheke leitete, verliebt habe. Von diesem Zeitpunkt an fanden montags und mittwochs keine Treffen mehr zwischen Andreas und Cordula statt.
Andreas und Cordula verloren sich aus den Augen. .
Später erfuhr Andreas, dass Cordula einen Akademiker geheiratet habe, in einer neu renovierten Villa am Stadtrand wohne und demnächst das vierte Kind erwarte.

Wann immer Andreas an dieser schäbigen grauen Hausfassade vorüber ging, dachte er an Cordula und ihre gemeinsamen regelmäßigen Treffen. Andreas lächelte bei dem Gedanken, dass Cordula es trotz aller Widrigkeiten in ihrem Leben geschafft hatte. Er freute sich für sie.

*

Den ersten seelischen Einbruch erlebte Andreas am dritten Tag nach Sofias Abflug.
Er spielte immer wieder Sofias Lieblingslied, das er auf einer Kassette aufgenommen hatte, ab und beabsichtigte abends, sich in einen Vollrausch zu trinken. Trotz großer Erinnerungslücken konnte sich Andreas später noch daran erinnern, dass er sich unkontrolliert kreuz und quer durch die Flaschen seiner Hausbar gesoffen hatte. Bis zu diesem Zeitpunkt hatte Andreas sehr wenig im Leben geweint. An diesem Abend weinte er hemmungslos.

Am Tag, an dem Sofia in sein Leben trat, öffnete sich für Andreas das Tor zum Licht und am Tag, an dem sie wieder aus seinem Leben verschwand, verschloss das Tor und hüllte ihn in tiefste Finsternis. Der Schalter war umgedreht worden: dunkel, aus!

Teil 3

Um der tiefen und lang anhaltenden Melancholie
stundenweise zu entkommen, begann Andreas in
seiner Verzweiflung und großen Sehnsucht nach
Sofia, Briefe an sie zu schreiben.
Sofia sollte diese Briefe nie erhalten. Sie wanderten,
kaum dass sie geschrieben waren, ungesehen in die
Schublade einer Kommode.
Er wollte eine neue Sprache erfinden die nur sie und
er verstehen können. Er wollte Worte formulieren die
niemand vorher verwendet hatte.

*

Trotz der Abendstunde war es immer noch sehr
warm und vom Kai her erklangen Gitarrenklänge.
Im Hafen lagen große Frachter vor Anker. Im Schutz
der Nacht liefen eng umschlungene Liebespaare die
Straße entlang.
Andreas blickte zum Himmel und fragte sich, warum
er diese lange Reise unternommen hatte, um wieder
hierher zurück zu kommen.
Der Himmel blickte stumm auf ihn herab. Er erhielt
keine Antwort.

*

Erster Brief
13.52 Uhr. Der erste Tag ohne dich und du fehlst mir
so sehr!
Geliebte, ein fürchterlicher Schmerz durchbohrt
meinen Körper. Ich zittere am ganzen Leib und muss
meine ganze Kraft aufwenden, um den Stift zu
halten, mit dem ich dir diese Zeilen schreibe.
Es ist genau eine Stunde und zehn Minuten
vergangen, seit ich dich das letzte Mal gesehen
habe. Geliebte Seele, es war genau 12.42 Uhr, als
du mich am Flughafen verlassen hast. Bereits nach
so kurzer Zeit fehlst du mir schmerzhaft. Ich liebe
dich so wahnsinnig!

Als ich nach Hause kam, habe ich umgehend bei deinen Eltern angerufen. Beim fünften Versuch klappte die Verbindung endlich und ich hörte eine Frauenstimme am anderen Ende der Leitung. Ich nehme an, dass ich mit deiner Mutter gesprochen habe. Ich sagte ihr, wer ich bin und dass dein Flugzeug pünktlich gestartet sei. Ich hörte den Widerwillen in ihrer Stimme, dennoch bedankte sie sich höflich bei mir und legte auf.

Geliebte, jetzt sitze ich hier und kann das Alleinsein kaum ertragen. Ich kann es kaum in Worte fassen, du fehlst mir so sehr! Bitte, komme so schnell du kannst wieder zu mir zurück! Lass uns beweisen, dass unsere Liebe alles und alle besiegen kann! Wir werden einen Weg finden. Moralische Vorstellungen, die vollkommen in Frage gestellt werden müssen, konnten uns vorübergehend trennen. Wir werden die Hindernisse überwinden und den Weg zueinander abermals finden. Das wissen wir beide.

Komm zurück, meine Liebe!

Komm zurück, meine Frau!

Ich liebe dich.

P.S. Es ist 14.37 Uhr: Ich gehe von einem Zimmer in das andere und finde nichts, womit ich mich beschäftigen kann. Um nicht verrückt zu werden, schreibe ich nun einfach einige Gedichte aus dem Buch von Leonard Cohen für dich ab.

Zweiter Brief

9.06 Uhr. Der zweite Tag ohne dich und du fehlst mir so sehr!

Geliebte, heute ist Sonntag und endlich hat das Licht des Tages diese endlose Nacht verdrängt. Ich möchte dir so Vieles sagen, aber ich finde nicht den Mut, zum Hörer zu greifen und dich anzurufen. Wo bist du gerade in diesem Moment, meine Liebe? Warum habe ich noch kein Lebenszeichen von dir erhalten?

Es wird nicht einfach für dich sein, dich mit mir in Verbindung zu setzen. Verzeihe, wenn ich so selbstsüchtig bin!

Wie versprochen, hat mich abends Günter angerufen. Er erinnerte mich an das Versprechen, das wir beide uns gegenseitig gegeben haben. Jeden Abend um zwanzig Uhr werden wir beide, egal, wo wir uns auf dieser Erde gerade befinden, herzhaft lachen. Das ist unsere magische Verbindung, so haben wir es uns versprochen.

Heute Morgen hat Günter noch einmal angerufen und sich erkundigt, ob ich schon etwas von dir gehört hätte.

Wo bist du, meine Geliebte?

Ich verspüre keine Lust, die Wohnung zu verlassen. Ich werde wieder Gedichte von Leonard Cohen abschreiben. Ich weiss, wie gerne du ihn hörst.

Morgen muss ich wieder zur Arbeit. Das ist gut so, denn so finde ich wenigstens für ein paar Stunden Ablenkung.

Wie ich dich liebe, mein süßes Mädchen!

Ich bete zu Gott, der über alles herrscht, uns beiden die nötige Kraft zu geben, alle anderen überzeugen zu können. Wir haben nichts Böses getan! Wir folgten seinem Wort, der Liebe. Es ist keine Sünde, dass wir uns lieben. Ich bitte Gott um Beistand für uns beide!

Gott hat in meinem bisherigen Leben keine große Rolle gespielt, aber in meinem großen Kummer flehe ich ihn um Hilfe an!

Komm zurück, meine Liebe!

Komm zurück, meine Frau!

Ich liebe dich.

P.S. Es ist 10.17 Uhr: Vor genau einer Minute habe ich von Tante L. erfahren, dass du gut angekommen bist.

Dritter Brief

16.33 Uhr. Der dritte Tag ohne dich und du fehlst mir so sehr!

Geliebte, vor fünf Minuten kam ich von der Arbeit nach Hause und mein Weg führte mich sofort zum Briefkasten. Nicht aus Gewohnheit, sondern in der verzweifelten Hoffnung, einen Brief von dir bekommen zu haben. Zeitlich vollkommen unmöglich, trotzdem ist die Hoffnung allgegenwärtig! Die Nacht war qualvoll. Du hast mir Pati, deine Lieblingspuppe, dagelassen, die dich so viele Jahre treu begleitet hat. Mit Pati ist auch ein Stück von dir bei mir geblieben. Durch Pati vernehme ich deine Stimme, durch Pati spüre ich dich neben mir. Nachts wache ich schweißgebadet auf und finde Pati auf dem Boden liegen.

Bei der Arbeit sagen die Leute, ich sähe furchtbar aus.

Günter und Ingeborg sind traurig, dich vor deinem Abflug nicht mehr gesehen zu haben. Ich sagte ihnen, dass wir noch bei ihnen vorbei geschaut, sie aber nicht angetroffen haben.

Peter erkundigt sich auch täglich nach dir. Obwohl er dich nur einmal gesehen hat, ist er überzeugt, dass nur du die richtige Frau für mich sein kannst.

Am Vormittag habe ich bei der Uni angerufen, um Bescheid zu geben, dass du aufgrund familiärer Angelegenheiten umgehend nach Griechenland fliegen musstest, du dich aber bald wieder zurück melden würdest. Ich hoffe, das geht so in Ordnung. Bald! Dieses eine Wort klingt wie Musik in meinen Ohren und ist dennoch kein Trost!

Wenn ich bei euch anrufe, wird der Hörer sofort aufgelegt. Wundere dich nicht, mein Liebling, ich habe daher eine Bekannte gebeten, sich bei euch zu melden. Deine Mutter gab ihr die Auskunft, du seiest nicht zu Hause und sie solle es später noch einmal versuchen

Wenn es mir doch möglich wäre, dich nur für einige Sekunden sehen zu können! Was würde ich dafür geben! Ich werde nicht müde, von einer gemeinsamen Zukunft zu träumen. Ich möchte die

Liebe, die ich für dich spüre, in alle Welt hinaus schreien!
Komm zurück, meine Geliebte!
Dein Mann wartet auf dich!
P.S. 21.38 Uhr: Ich bin sehr müde und werde mich gleich hinlegen. Pati wartet sicher schon auf mich.

Vierter Brief
16.46 Uhr. Der vierte Tag ohne dich und du fehlst mir so sehr!
Geliebte, seit knapp zwanzig Minuten bin ich wieder zu Hause. Der Briefkasten war wieder leer! Ich setze mich auf deinen Lieblingssessel und schaue Photos von dir an.
Es kommt mir ein Satz von Elaurd in den Sinn: „Ich liebe dich, das ich nicht weiss, wer von beiden fort ist!"
Ich vertraue unserer Liebe. Ich vertraue darauf, dass wir bald wieder vereint sind. Unsere Liebe ist endlos. Ich schlief gestern mit dem glücklichen Gefühl ein, wie wunderbar es ist, von einem Menschen geliebt zu werden.
Heute habe ich bei Pro Familia angerufen und um einen Beratungstermin gebeten. Du siehst, ich lege meine Hände nicht in den Schoß! Sie gaben mir die Telefonnummer einer Rechtsanwältin, die uns eventuell beraten und unterstützen kann. Ich konnte sie heute noch nicht in der Kanzlei kontaktieren, werde es aber morgen wieder versuchen. Von der Beratungsstelle habe ich auch die Telefonnummer eines Arztes erhalten, bei dem ich am Donnerstag einen Termin habe. Ich werde mich beraten lassen und dir umgehend berichten.
Du fehlst mir!
Es ist 17.24 Uhr und du hast immer noch nicht angerufen.
Ich warte auf dich!

Fünfter Brief

10.15 Uhr. Der siebte Tag ohne dich und du fehlst mir so sehr!

Geliebte, drei Tage sind vergangen, an denen ich dir nicht geschrieben habe. Ich weiss, dass auch dieser Brief wieder in die Schublade wandert. Ich habe noch keinen Brief an dich abgeschickt. Aber ich weiss, dass du alle diese Briefe bald lesen wirst. Die letzten Tage waren sowohl spannungsgeladen als auch sorgenvoll. Dein Vater hat sich mit meinen Eltern in Verbindung gesetzt und sie gebeten, mir auszurichten, dass ich deine gesamten Habselgkeiten und Kleidung umgehend nach Griechenland zurück zu schicken habe.

Ich war so aufgebracht und verzweifelt, dass ich deinen Vater sofort in Griechenland angerufen habe. Ich weiss nicht, ob er dir davon überhaupt erzählt hat. Dein Vater beschimpfte mich. Ich bemühte mich, ruhig zu bleben und versicherte ihm, dass ich weder dein Leben noch das deiner Eltern durcheinander bringer wollte. Ich bat ihn um Verständnis. Ich bat ihn inständig, uns beiden eine Chance zu geben. Und ich stellte klar, dass du auch das Recht besitzt, dein Leben selbst in die Hand zu nehmen.

„Ta Wasana ine perasta, sto telos o kalos nika...", kannst du dich noch an dieses Lied von Kostas Hatzis erinnern, meine Liebe? Auch hier siegt am Ende das Gute!

Am nächsten Tag entschloss ich mich, Philippi in Griechenland anzurufen, um mich nach dir zu erkundigen. Philippi gab mir deutlich zu verstehen, dass sie keinen weiteren Kontakt mehr zu mir wünsche und bat mich höflich, sie nie wieder zu kontaktieren. Sie gab mir die alleinige Schuld an deinem Unglück, beschimpfte mich als Lüstling und meinte wenn sie jetzt darüber nachdenke, könne sie nur zu gut verstehen, dass M. mich verlassen habe.

Gestern Abend traf ich mich mit Bekannten, um auf andere Gedanken zu kommen. Ich spielte den coolen Typen, was mir nicht richtig gelingen wollte. Bitter wie nie zuvor empfand ich die Leere in meinem Leben.

Ich spielte wieder mit den Gedanken, diesem sinnlosen Dasein ein Ende zu bereiten. Es gäbe die Möglichkeit, mich mit dem Auto einen Steilhang hinab zu stürzen, mich mit einem Stromkabel in der Badewanne aus der Welt zu verabschieden oder von einem Hochhaus zu springen.

Doch es lebt auch die große Hoffnung in mir, dass wir bald wieder zusammen und für immer vereint sein werden. An diese Hoffnung klammere ich mich Stunde um Stunde!

Komm zurück, meine Geliebte!
Komm zurück, meine Frau!
Ich warte auf dich!

Sechster Brief
20.25 Uhr. Der zwölfte Tag ohne dich und du fehlst mir so sehr!

Geliebte, ich kann es immer noch nicht fassen: Vor genau drei Stunden hast du mich angerufen! Als ich deine Stimme hörte, stockte mir der Atem. Du kannst dir meine Freude nicht vorstellen!

Dein Vater hat meinem Vater einen bitterbösen Brief geschrieben, dessen wortgewaltiger Inhalt imstande ist, eine Fehde zwischen beiden Familien auszulösen. Die Beleidigungen und verbalen Angriffe deines Vaters sind so heftig, dass der Zeitpunkt gekommen ist, dass du Stellung beziehen und dich entscheiden musst!

Ich weiss, dass ich dir eine unsagbar schwere und brutale Entscheidung abverlange!

Auch dir wurde wie mir beigebracht, dass die Familie zu den wertvollsten Geschenken im Leben eines Menschen gehört. Und nun verlange ich von Dir, meinem Liebling, dass du dich zwischen de ner Familie und mir entscheiden musst!

Ich glaube, du hast dich bereits entschieden, denn du hast mich heute angerufen! Du bist das Beste, was mir überhaupt im Leben passieren konnte! Da ich noch den Klang deiner Stimme in meinen Ohren vernehme, schwebe ich vor Glück über dem Boden.
Komm zurück, meine Geliebte!
Dein Mann wartet auf dich!

Siebter Brief
16.58 Uhr. Der vierzehnte Tag ohne dich und du fehlst mir so sehr!
Geliebte, ich flehe dich an! Kannst du mir den Brief erklären, den ich heute von dir erhalten habe? Du kannst diesen Brief nicht geschrieben haben, niemals! Die Worte tragen nicht die Handschrift deiner Seele! Niemals wärst du in der Lage, solche widerlichen Worte zu formulieren.
Warum hast du mich vorgestern, als wir miteinander telefonierten, nicht gewarnt, dass ein Brief an mich unterwegs ist, der nicht wirklich deine Handschrift trägt?
Warum hast du nicht leise in den Hörer geflüstert:
„Pass auf Andreas, da wird dich ein Schriftstück erreichen, das zwar meine Schriftzüge und meinen Namen trägt, dessen Inhalt jedoch nur unter massivem Druck auf das Papier gebracht wurde!".
Entschuldige, aber du hast den Brief bereits fünf Tage, nachdem wir brutal von unseren Familien zur Trennung gezwungen wurden, verfasst!
Gelähmt stehe ich hier und starre fassungslos auf deine Worte:
„Ich muss auf die Stimme meiner Eltern hören! Unsere Liebe muss ein Ende haben!"
Wie kannst du von einem Ende sprechen, was noch gar nicht richtig begonnen hat? Wir stehen doch erst am Beginn!
„Andreas, ich danke dir! Lebe wohl!".

Nein, diesen Brief hast du niemals aus freien Stücken heraus geschrieben.

Ich muss unbedingt mit dir sprechen.

Mein Leben begann an dem Tag, an dem ich dir das erste Mal gegenüber stand und mein Leben endete, als das Flugzeug mit dir nach Athen abhob. Und mein Leben wird erst weiter gehen, wenn wir wieder vereint sind.

Nein, ich glaube es nicht, dass du den Brief geschrieben hast! Niemals könntest du mich so verletzen.

Komm zurück, meine Geliebte!

Ich warte!

Achter Brief

14.04 Uhr. Der neunzehnte Tag ohne dich und du fehlst mir so sehr!

Meine einzige Liebe, wieder einmal blieb der Briefkasten leer. Wieder einmal verging der Tag ohne ein Zeichen von dir.

Noch immer kann ich nicht glauben, dass du diesen abscheulichen Brief geschrieben hast, den ich vor fünf Tagen erhalten habe.

Es wäre eine Sünde vor Gott, wenn du mir sagen würdest, es sei alles nur ein Spiel gewesen. Es wäre eine Sünde vor Gott, wenn du durch dieses Spiel unsere Träume zerstört hättest.

Du kannst und darfst unsere Liebe nicht verneinen!

Es gibt kein „du" oder „ich", es existiert nur das „wir", das Miteinander.

Komm zurück, meine Geliebte!

Ich liebe dich!

Neunter Brief

22.05 Uhr. Der zwanzigste Tag ohne dich und du fehlst mir so sehr!

Geliebte, wie endlos lange kann sich ein trostloser Tag hinziehen! So viele Schmerzen ohne Linderung, Fragen ohne Antwort, Tränen ohne Trost und Gebete ohne Erhörung!

Ich erhalte keine weiteren Nachrichten von dir. Die Unwissenheit bringt mich der Ohnmacht nahe.
Heute feiern wir beide ein bitteres Jubiläum: Es ist der zwanzigste Tag, an dem du nicht bei mir bist! Es waren die längsten Tage meines Lebens! Das Vorgestern, Gestern, Heute und Morgen ist bedeutungslos geworden. Wer ich war, bin oder sein werde, das spielt keine Rolle mehr. Das Leben ist die Aneinanderreihung von Stunden, Tagen und Wochen. Nicht mehr!
Traurigkeit ist die größte Bestrafung im Leben eines Menschen. Warum bestrafst du mich?
Wenn Du es tatsächlich so meinst, dann es den Möwen damit sie es in allen Himmelsrichtungen rufen, sag es im Bundestag, dem Bischoff oder dem Pabst. Das Kreuz der Liebe auf dem Rücken steige ich auf Golgatha zu. Noch habe ich das Ziel nicht erreicht, es naht jedoch, es naht.
Komm zurück!

Zehnter Brief
20.45 Jhr. Der einundzwanzigste Tag ohne dich und du fehlst mir so sehr!
Geliebte, gerade rief mich Günter an und teilte mir mit, dass du versucht hättest, mich anzurufen!
Ausgerechnet heute besuchte ich meine Eltern. Ich habe innen die Unterlagen zukommen lassen, die eindeutig belegen, dass eine Beziehung zwischen Cousin und Cousine in Deutschland möglich ist.
Meine Eltern bemühten sich, Toleranz zu zeigen. Gleichzeitig sprachen sie jedoch von der Reinheit des Blutes, den großen Bedenken der orthodoxen Kirche und den Befürchtungen, dass uns böse Dämonen heimgesucht hätten.
Das einzige Argument, welches wirklich noch gegen eine baldige Vermählung spricht, ist die Tatsache, dass du noch keine einundzwanzig Jahre alt und somit noch nicht volljährig bist.

Kannst du unsere Umarmungen noch spüren? Wie wunderbar kann das Leben sein!

Nachts betrachte ich Photos, und das Strahlen deines Lächelns tröstet mich durch die Dunkelheit hindurch.

Du wirst um diese Zeit schon schlafen. Wie sieht das Bett aus, in dem du deine Nächte verbringst?

Welche Farbe hat die Decke, die dich wärmt?

Was gäbe ich darum, deinen schlafenden Körper betrachten zu dürfen? Du hast das linke Bein immer angewinkelt und dein Kopfkissen liegt sicher wieder einmal auf dem Boden. Die linke Hand liegt in der Nähe deines wundervollen Mundes und die Haare wild um deinen Kopf herum.

Wie schön ist es, an dich zu denken! Ich spüre Frieden in mir.

Ganz gleich, wo ich mich aufhalte, ich fürchte mich vor der Einsamkeit, Geliebte! Ich fürchte mich und mein Herz scheint zu zerreißen!

Lass mich deine Hand halten!

Komm zurück, meine große Liebe!

Elfter Brief

16.57 Uhr. Der einunddreißigste Tag ohne dich und du fehlst mir so sehr!

Geliebte, seit einem Monat sind wir beide getrennt. Es war der schwierigste Monat meines bisherigen Lebens.

Wenn mir das Leben zur Qual wird, schließe ich meine Augen und sehe dich vor mir.

Komm zurück!

Ich warte!

Zwölfter Brief

22.40 Uhr. Der sechsunddreißigste Tag ohne dich und du fehlst mir so sehr!

Ich hörte deine Stimme wieder! Du hast mich angerufen und mir gesagt, dass dir nicht viel Zeit bliebe, du mir aber unbedingt ein orientalisches

Märchen, das du gestern gelesen hast, erzählen möchtest.

Ich lauschte deiner Stimme: Ali Mustafa hatte Erfolg in der Ausübung seines Berufes, aber sein Glück in der Liebe hatte er noch nicht gefunden. Er war ein guter Händler und bereiste mit seiner Karawane viele Länder.

Eines Tages schlenderte er über den farbenfrohen Bazar von Bagdad. Er beobachtete eine alte Frau, die aus ihrer linken Tasche ein Band nahm und dieses mit einem zweiten Band, welches sie aus ihrer rechten Tasche holte, zusammen band.

Ali Mustafa wunderte sich und fragte die Frau nach dem Sinn ihrer Handlung.

„Ich verknüpfe das Schicksal", antwortete die Frau.

„Das Schicksal?", wunderte sich Ali Mustafa.

Die Frau schaute ihn wissend an.

„Hier in meiner linken Tasche befinden sich rosafarbene Bänder. Sie symbolisieren die Frauen", fuhr sie fort. „ Dort in meiner rechten Tasche befinden sich die blauen Bänder. Sie symbolisieren die Männer. Wenn ich jetzt ein rosa Band mit einem blauer Band verknüpfe, verbinde ich damit auch das Schicksal zweier Menschen.

Erwartungsvol blickte Ali Mustafa der alten Frau in die Augen und fragte, ob sie auch schon sein Band verknüpft habe, da er sich nicht sehnlicher wünsche, als mit einer jungen Frau vermählt zu werden.

„Dein Wunsch soll sich erfüllen", raunte die Alte.

„Sieh her! Dieses Band hier ist deine zukünftige Frau und das blaue Band symbolisiert dich selbst. In diesem Augenblick, da ich beide Bänder miteinander verknüpfe, sei dein Schicksal von nun ab mit dieser Frau verwoben!"

Ali Mustafa fragte erstaunt, wo er seine zukünftige Frau finden werde.

„Sie wird gleich durch dieses Tor kommen."

Die Frau schaute über den belebten Platz und zeigte mit ihrer Hand auf das alte Tor.

Wenige Augenblicke später traten eine alte, gebeugte Frau und ein kleines Mädchen durch das Tor.

„Du machst Scherze!", lachte Ali Mustafa. „Ich heirate doch keine Großmutter."

„Nicht die Großmutter wird es sein, die du heiratest, sondern das Mädchen."

Die alte Frau steckte die Bänder in ihre Taschen, nahm ihren Korb und verließ den Bazar.

Ali Mustafa rannte ihr hinterher, hielt sie am Arm fest und schrie: „Was redest du da, Alte!"

„Das Schicksal hat es so für dich bestimmt".

Ali Mustafa blieb verwirrt zurück. Er, der sich im besten Mannesalter befand, sollte sich mit einem kleinen Mädchen, das kaum zehn Jahre zählen konnte, vermählen? Niemals!

In der Nacht fand Ali Mustafa in der Herberge keinen Schlaf. Früh am Morgen suchte er den Bazar abermals auf und beobachtete, dass die Alte und das Mädchen wieder um die gleiche Tageszeit durch das Tor auf den Platz gelangten.

Um seinem vorbestimmten Schicksal zu entgehen, fasste Ali Mustafa einen grausamen Plan. Er beauftragte einen Straßenräuber, der für seine Schurkereien bekannt war, das kleine Mädchen zu töten.

Die Jahre vergingen und Ali Mustafa hatte sein Glück in der Liebe immer noch nicht gefunden. Zweimal stand er kurz vor der Hochzeit. Einmal wurde seine Braut von einem Liebhaber entführt und blieb für immer verschwunden. Das andere Mal starb seine Auserwählte einen Tag vor der Hochzeit.

Eines Tages besuchte Ali Mustafa in Bagdad seinen Händlerfreund Osman Gül, in dessen Haus er mit großer Freundlichkeit aufgenommen wurde. Ali Mustafa wurde mit den köstlichsten Speisen und Getränken des Landes verwöhnt.

„Sei heute Nacht mein Gast", meinte der Freund.
„Erlaube mir, dir meine wunderschönen Töchter
vorzustellen."
Ali Mustafa willigte ein, denn er wusste, welche
Kränkung er seinem Freund ansonsten zufügen
würde.
Dem geheimnisvollen Zauber, der von Fatima
ausging, war Al Mustafa vom ersten Augenblick an
erlegen. Fatima, die jüngste Tochter von Osman Gül,
war eine junge Frau von magischer Schönheit, die
einen Teil ihres Gesichtes kunstvoll und geübt mit
schwarzem, seidigem Haar bedeckt hielt.
Der Gastherr, dem das Interesse seines Freundes
an seiner jüngsten Tochter nicht entgangen war,
nahm ihn zur Seite und sprach: „Ich sehe, meine
jüngste Tochter hat bereits einen Platz in deinem
Herzen gefunden. Sie ist eine bezaubernde Tochter
und wird eine gute Ehefrau werden."
Ali Mustafa erwiderte verlegen: „Fatima ist wirklich
bezaubernd!"
Wenige Tage später wurde Hochzeit gehalten.
Ali Mustafa war froh, endlich sein Glück in der Liebe
gefunden zu haben.
Er nahm seine junge Braut in die Arme, küsste sie
und strich zärtlich das lange Haar, das wie ein
Schleier ihren Kopf umhüllte, aus ihrem Gesicht.
Verlegen senkte sie den Kopf, als Ali Mustafa die
Narbe sah, die sich von der linken Augenbraue bis
fast zum linken Ohr hinzog.
„Ich bin eine hässliche Frau!", weinte Fatima
bitterlich und vergrub ihr Gesicht in den Händen.
Voller Liebe streifte Ali Mustafa Fatimas Haar zurück
und bedeckte ihre Narbe mit zärtlichen Küssen.
„Du bist wunderschön."
In der Nacht, als Fatima in seinen Armen lag,
erzählte sie von dem schrecklichen Ereignis,
welches sich sieben Jahre zuvor zugetragen hatte.
Fatima berichtete stockend von jenem grauenvollen
Tag auf dem Bazar, als sie im Beisein ihrer
Großmutter gezielt von einem Unbekannten aus dem

Hinterhalt mit einem Messer angegriffen und im Gesicht schwer verletzt worden war. Sie war damals knapp zehn Jahre alt gewesen.

Der Angreifer konnte unerkannt fliehen und wurde nie gefasst.

Traurig berührte Fatima ihre Narbe im Gesicht, legte ihren Kopf auf seine Brust und begann stumm zu weinen. Fatima bemerkte nicht, wie sich ihre Tränen mit den bitteren Tränen Ali Mustafas vermischten. Schattenhaft tauchte die Erinnerung an die alte Frau in seinem Herzen auf, die mit ihren rosa und blauen Bändern die Schicksale zweier Menschen verknüpften konnte.

Dreizehnter Brief

19.52 Uhr. Der neununddreißigste Tag ohne dich und du fehlst mir so sehr!

Einmal mehr neigt sich ein Tag dem Ende zu. Ich bin alleine. Sofia, du fehlst mir!

Ich vermisse deine Schritte im Flur, deine Bewegungen, deine Umarmungen, deine Stimme im Zimmer und deinen Atem auf meinem Nacken.

Ich vermisse deine Worte: „Trinken wir einen Kaffee?"

Ich vermisse dein: „Ich liebe dich!"

Wie soll ich ohne dein Lächeln leben?

Sonne und Mond haben keine Bedeutung mehr.

Wolken bedecken das Heute und Morgen.

Nur die Vergangenheit ist allgegenwärtig.

Ich weiss, nicht mehr lange, und wir werden wieder vereint sein. Ich weiss, nicht mehr lange bis die Planeten wieder ihre Daseinsberechtigung haben.

Teil 4

Ruhelos lief Andreas im Hotelzimmer hin und her.
Er hatte sich fest vorgenommen, sich zu erholen und
fünfzehn Tage unbeschwertes Leben zu genießen.
Es gelang ihm nicht.

Er saß in Patras auf dem St. Georg Platz und trank
eine Tasse Kaffee. Zwei Tische weiter saß eine
junge Frau, die eine deutsche Zeitung in den
Händen hielt und in den Bericht auf der Titelseite
vertieft schien. Andreas sprach die fremde Frau
einfach an und bat die Unbekannte um den Sportteil
der Zeitung. Es entwickelte sich eine ungezwungene
Unterhaltung und die Frau erzählte Andreas, dass
sie sich mit einer Gruppe aus Augsburg in Patras
aufhielt.
Er lud Sophie zum Abendessen ein und bat sie
anschließend, ihn ins Freilichttheater zu einem Stück
von Aristophanes zu begleiten. Sophie willigte ein.
„Ich verstehe kein Wort Griechisch", warnte Sophie
ihn lachend.
„Ich werde dir helfen", versprach Andreas.
Während das Drama aufgeführt wurde, musste
Andreas feststellen, dass er selbst kein Wort
verstehen konnte. Die Aufführung fand in
altgriechischer Sprache statt.
Sie hatten dennoch ihren Spass und beschlossen,
mit einem gemeinsamen Drink in der Bar den netten
Abend zu beschließen.
Als er Sophie zu ihrem Hotel zurück begleitete, bat
er sie, ohne darüber nachzudenken, noch zu einem
Metaxa in sein Hotelzimmer zu kommen. Sophie war
mit dem Vorschlag einverstanden.
Andreas wollte in dieser Nacht nicht alleine sein.
Kaum hatte Andreas die Tür seines Hotelzimmers,
das er einst mit M. teilte, geöffnet, fielen sie wild und
leidenschaftlich übereinander her.
Sophie spürte von Beginn an, dass seiner
leidenschaftlichen Wildheit eine große Traurigkeit

innewohnte. Andreas bemerkte ihre zunehmende Zurückhaltung, hielt inne und richtete sich verlegen im Bett auf.

„Bitte entschuldige", versuchte er zu erklären. „Es liegt nicht an dir. Du bist eine bezaubernde Frau. Ich bin es, der die Probleme in sich trägt."

Sophie war eine gute Zuhörerin.

Die Nacht öffnete seine Seele und der lang angestaute Kummer brach sich in einem nicht enden wollenden Redefluss seine Bahn. Andreas erzählte von seiner gescheiterten Ehe mit M. und von diesem für ihn besonderen Hotelzimmer, das seine eigene Geschichte hatte. In Sophies liebevollen Armen weinte Andreas auch um Sofia, die er so sehr vermisste. Er fühlte sich von dieser Frau, die er kaum kannte, verstanden.

Als Sophie gegen Morgen fragte, ob sie gehen solle, klammerte sich Andreas an ihr fest und schlief in ihren Armen ein.

*

Es war Andreas gelungen, M. aus seinem Herzen und seinen Erinnerungen zu löschen.

Ihr Vater schrieb ihm noch, wenige Wochen nachdem M. ihn verlassen hatte, drei Briefe in kurzer Abfolge. Andreas beantwortete keinen der drei Briefe. Im vierten Brief bat der Vater in ihrem Namen um eine Einwilligung in die Scheidung.

*

In der Zwischenzeit war Sofia in sein Leben getreten! Andreas sehnte sich den Tag der Ehescheidung von M. herbei.

Euphorisch nahm er sich vor, die deutsche Staatsbürgerschaft zu beantragen und Sofia, mit welcher List auch immer, aus Griechenland heraus und zu ihm zurück zu holen. Sofia würde bald ihren einundzwanzigsten Geburtstag feiern und mit diesem Tag endgültig ihre Volljährigkeit erreichen.

Nichts und niemandem würde es gelingen, sich ihrer ewigen Bindung noch in den Weg zu stellen!

*

Zwölf endlos lange Tage hatte Andreas auf das erste Lebenszeichen von Sofia warten müssen. Unzählige irrwitzige, verworrene und verzweifelte Gedanken hatten seinen Kopf gemartert und Andreas stand kurz davor, sich paranoiden Wahnvorstellungen hinzugeben.

Was würde geschehen, wenn die Familie Sofia einer Zwangsheirat unterwerfen würde! Gesetzlich war die Zwangsheirat in Griechenland zwar verboten, aber trotzdem nicht endgültig auszuschließen. Der Gedanke, dass Sofia gegen ihren Willen mit einem anderen Mann zusammen gebracht werden sollte, trieb ihn zum Wahnsinn. Die Vorstellung, dass ein anderer Mann Sofia berührte, raubte ihm den Schlaf. Andreas hasste sich für die Kraft und Intensität dieser Gedanken.

Er wusste, kein anderer Mann konnte Sofia so stark lieben wie er selbst.

Hatte Sofia die innere Stärke und Kraft, dem massiven Druck ihrer Familie stand zu halten? War sie in der Lage, sich gegen alte Traditionen aufzubäumen und sich gegenüber ihren Eltern deutlich zu positionieren?

Und dann hielt er ihn in seinen Händen, diesen lang ersehnten Brief von Sofia!

Andreas stand zitternd in seiner Wohnung, unfähig, den Umschlag zu öffnen.

Schließlich las er:

Liebster Andreas,

erwarte weder dramaturgisch formulierte Sätze noch feinsinnige Lyrik von mir. Du weißt, dass ich hierzu nicht in der Lage bin.

Ich möchte so ehrlich wie nur möglich sein und von den Ereignissen der letzten Wochen berichten. Du bist der Mensch in meinem Leben, dem ich am meisten vertraue. Ich habe dir lange nicht geschrieben, weil ich dich nicht verletzten möchte, denn die Dinge, die ich zu Papier bringen muss, werden dir wehtun.

Glaube mir, ich habe oft versucht, dich telefonisch zu erreichen.

Erinnerst du dich, als du mir am Flughafen sagtest, dass allein das geschriebene Datum auf einem Stück Papier schon als Lebenszeichen meinerseits genügen würde? Ich habe über deine Worte geschmunzelt. Jetzt im Getrennt sein begreife ich, dass es die Worte eines liebenden Mannes waren. Mein Geliebter, ich lebe hier ein stummes Drama! Misstrauisch und sorgenvoll beobachten meine Eltern jeden meiner Schritte. Ich kann gleichzeitig ihre Liebe und auch ihre Enttäuschung spüren. Sie sagen nicht viel, aber dennoch spüre mit jeder Bewegung und jedem Blick ihren tiefen Schmerz. Ich schaue in die Gesichter meiner Eltern und muss weinen.

Sie kämpfen mit ihren Möglichkeiten um mich.

Meine Eltern, besonders mein Vater, vergöttern mich. Noch niemals zuvor habe ich ihn weinen gesehen. Jetzt vergießt er bittere Tränen! Bitte, verstehe mich nicht falsch, aber ich würde mein Leben geben, wenn er aufhören würde, zu weinen!

Meistens reagiere ich nicht auf das, was die Leute zu mir sagen. Ich blicke regungslos vor mich hin. Nicht, weil ich mir irgendetwas davon verspreche, sondern weil ich keine Kraft mehr habe.

Der Traum meiner Eltern war immer, mich glücklich und zufrieden zu sehen. Ich sollte studieren, einen ehrlichen Mann kennen lernen und Enkelkinder zur Welt bringen. Sie haben nur für diesen Traum gelebt. Aber es war ihr Traum, nicht mein eigener!

Ich fühle mich schuldig, dass meine Eltern leiden
und ich würde es mir nie verzeihen können, wenn sie
meinetwegen erkrankten.
Aber es geht um mein Leben!
Wenn ich endlich alleine in meinem Zimmer bin und
die Maske der Gleichgültigkeit abstreifen kann,
erfassen mich tiefe Ängste.
Ich habe jegliches Interesse verloren und finde kaum
noch die Kraft, ein Glas Wasser zu halten. So kann
ich nicht mehr weiterleben! Ich sollte einen Arzt
aufsuchen, aber ich fürchte, er würde umgehend
meine Eltern informieren.

Der Hochsommer hat schon begonnen. Nachts ist es
sehr warm, und da ich nicht schlafen kann, setzte ich
mich leise auf die Veranda und versuche im Schutz
der Dunkelheit meine Situation zu analysieren.
Dämonen greifen mich an!
Tiefe Verzweiflung erfasst mich, wenn ich an die
wundervollen acht Monate denke, die ich mit Dir
zusammen in Deutschland verbracht habe. Mir fehlt
das alles sehr.
Müssen Menschen, die lieben, immer so schrecklich
leiden?
Ich wollte nie etwas Besonders sein. Ich habe nie
nach den Sternen gegriffen.
Für die Menschen, die mich umgeben, scheint das
Leben einfach zu sein. Die jahrhunderte alten
Traditionen sind ihnen zeitlebens zum Gesetz
geworden.
Für sie ist unvorstellbar, dass die Liebe allein uns
zusammen geführt und miteinander verwoben hat.
Die Leute unterstellen uns Abenteuerlust und
Freude, mit dem Feuer spielen zu wollen. Sie haben
uns verurteilt, ohne uns überhaupt anhören zu
wollen.
Sie sprechen davon, dass du nach dem Scheitern
deiner Ehe eine schnelle Ablenkung gebraucht und
in mir gefunden hättest. Ich höre nicht auf ihr
Geschwätz!

Sie haben uns abgeurteilt, Geliebter! Sie reden und reden, und ich habe nicht die Kraft, zu erwidern.
Ich werde als Hure betrachtet. Man sagt es mir nicht ins Gesicht, man tötet mich nicht mit Worten! Es sind ihre Blicke, Gesten und Gebärden, die mich zugrunde richten!
Tränen kommen leichter als Worte. Das ist so seit meiner frühesten Kindheit. Wie habe ich diese Eigenschaft an mir gehasst!
Ich bin nicht imstande, zu widersprechen, auf den Tisch zu hauen oder meinem Gegenüber mutig die Stirn zu bieten. Ich habe mich immer gefügt und meinen Eltern niemals widersprochen. Immer habe ich das getan, was von mir erwartet wurde.

Und jetzt bin ich die Undankbare, lehne mich gegen meine zwanzigjährige Erziehung auf, rebelliere gegen griechische Traditionen und die heilige orthodoxe Kirche!
Manchmal verspüre ich den Wunsch zu sterben. Aber wäre das eine Lösung?
Für mich bedeutete jede Sekunde, die wir miteinander verbrachten, das wahre Leben.

Verzeih mein Geliebter, dass ich in der Vergangenheit spreche! Es muss dir unendlich wehtun!
Ich suche nach jeder Möglichkeit, dich telefonisch zu erreichen. Es gleicht jedes Mal einem Spießrutenlauf, denn sie lassen mich kaum aus den Augen. Wenn ich aus dem Haus schleiche, versuche ich eine abgelegene Telefonzelle zu finden. Wie groß ist die Enttäuschung, wenn ich keine Verbindung bekomme oder einen falschen Anschluss angewählt habe!
Philippi hat vorgeschlagen, dass ich mit ihr zusammen für einige Tage wegfahren sollte. Aber wie sollte ich diese Tage überstehen? Ich schaffe es nicht einmal, kleine Spaziergänge mit ihr zu

unternehmen. Nach wenigen Minuten will ich wieder
zurück in mein Zimmer.
Meine Eltern warteten mit der Idee auf, ich solle mich
in Saloniki beim Goethe-Institut anmelden um dort
die deutsche Sprache weiter zu erlernen und das
Studium wieder aufzunehmen.
Sie legen meine Zukunftspläne fest, ohne mich zu
fragen!
Ich rede nur von mir, verzeih! Ohne Frage leidest du
ebenso wie ich. Hier hat nichts mehr ein Gesicht. Die
Sonne nicht und auch nicht der Mond. Der Regen
hat kein Gesicht mehr und manchmal scheint es mir
so, wie wenn die Liebe nur ein drei Minutenlied sei.
Ich lebe nicht mehr, mich gibt es nur noch.
Welches Schicksal das Leben mir auferlegen mag,
du sollst immer wissen:
Meine Seele ist bei dir, meine Seele bist du,
Sofia

Lyrik von Niko Papadakis:

Jetzt und Immer
ISBN 978-3-8334-6456-0

Ein übersprungener Tag
ISBN 978-3-8334-9220-4

Verpasste Augenblicke
ISBN 978-3-8370-0372-7

Träume töten ohne Warnung
ISBN 9 783 837 055 320